「朝日新聞」問題

徳山喜雄
Tokuyama Yoshio

目次

第２章　記事を取り消しながら謝罪なし
——慰安婦報道の２０１４年検証記事——

はじめに

三つ束になっての強烈なパンチ

朝日新聞の慰安婦報道の背後には、安倍晋三《あべしんぞう》首相の影がみえ隠れする。1990年代後半からは、とりわけ顕著になる。

97年4月から使われる中学校の歴史教科書に「従軍慰安婦」の記述が登場することになった。その年の2月27日、自民党の若手議員を中心につくる「日本の前途と歴史教育を考える若手議員の会」（中川昭一代表・故人）が自民党本部で初会合を開き、歴史教科書の見直しを求めた。安倍氏はここに事務局長として参加していた。

第1次安倍政権が2006年9月に発足すると、「日本の前途と歴史教育を考える若手議員の会」を引き継いだ「日本の前途と歴史教育を考える議員の会」が同年12月、93年に慰安婦問題で日本軍の関与を認めた河野《こうの》洋平官房長官談話（河野談話）の見直しに向けての活動を活発化させた。安倍首相は慰安婦問題に関して「資料のなかには強制連行を直接示すような記述が見当たらなかった」と国会などで繰り返し発言、韓国をはじめ米国からも批判されることになった。

しかし、首相のこの主張は、12年12月の第2次安倍政権発足後も繰り返された。14年2月20日の衆院予算委員会では、当時の官房副長官だった石原信雄氏が参考人として呼ばれ、河野談話の作成過程について答弁した。このとき、石原氏が韓国側との事前のすり合わせを示唆したことを受け、安倍政権は河野談話の作成過程を検証し、6月20日に公表している。このように安倍首相は、慰安婦への謝罪と反省を表明した河野談話に対して一貫して疑問を抱いており、15年8月にだされる戦後70年の首相の新談話では、河野談話について言及するかもしれない。

河野談話の作成へとつながる、旧日本軍の関与を示す資料が発見されたとする朝日新聞のスクープ記事は、宮沢喜一首相（当時）訪韓前の92年1月11日朝刊【巻末参考記事6】に掲載された。歴史教科書の「従軍慰安婦」についての記述は、80年代以降、朝日新聞がリードしてきた慰安婦報道の影響が大きいといえる。

朝日新聞の慰安婦報道と安倍首相の歴史認識をめぐる、ある種の対立は長く根深くつづいてきた。このような背景があるなか、安倍首相は14年12月の総選挙での勝利などで「安倍1強」といわれるまでに権力基盤を固めていく。

第2次安倍政権発足以降は、保守系メディアから朝日新聞の慰安婦報道への批判が強まり、それに呼応するかのように、保守系政治家から、朝日新聞社長や幹部の国会への参考人招致や証人喚問などを求める声があがるようになった。

新聞社の社長が国会に呼ばれ、その報道について喚問されるなどということは、報道機関として絶対に認められない。そんなことに応じたら、民主主義の根幹を揺るがすことになる。朝日新聞幹部にとってはたいへんな圧力であったと思われる。しかし、朝日の慰安婦報道はいくつもの問題を抱えており、安倍政権や他メディアに対して毅然とした態度をとりにくい弱みがあった。

慰安婦にするため朝鮮人女性を強制連行した、とする吉田清治《せいじ》証言は、かつての朝日の「スクープ」であったが、後にこれが虚偽と判明したにもかかわらず、訂正してこなかった。「慰安婦」と「挺身隊《ていしんたい》」を混同して報じ、慰安婦とは何のかかわりもない女子挺身隊員の名誉を傷つけたにもかかわらず、それに対する明確な説明もしてこなかった。

朝日新聞は反論できないまま、他メディアからサンドバッグのように打たれつづけていた。政権からは、証人喚問という匕首《あいくち》を柔らかい脇腹《わきばら》に突き付けられている状況であった。

こうして追いつめられたかたちで、戦後70年を翌年に控えた14年8月、朝日は検証記事を掲載し、いくつもの記事を取り消すことになった。社長をはじめ幹部はこの検証特集で決着を図ろうとしたが、「訂正したにもかかわらず、謝罪がない」と激しく攻撃され、「国賊」「売国奴」「反日」という言葉が、雑誌やネットに氾濫《はんらん》する異様な事態に発展した。

慰安婦報道にかかわった朝日新聞の元記者とその家族が激しく個人攻撃され、「売国奴」などと罵《ののし》られた。元記者の教授就任が内定した大学に脅迫状が送りつけられ、内定取り消しに応じざるをえなくなった。同じく慰安婦報道にかかわったことがある別の朝日OBは、退職後に大学教授をしていたが、ここにも脅迫状が届き、即刻、辞職する道を選んだ。

加えて、検証記事に謝罪の言葉がなかったことを問題にした、ジャーナリスト池上彰氏のコラム「新聞ななめ読み」の掲載を朝日が見合わせ、「言論を封殺した」とここでも厳しく批判された。この池上コラム問題は、火に油を注ぐ結果になった。

その一方、東京電力福島第一原子力発電所所長だった吉田昌郎《まさお》氏（故人）が政府の事故調査・検証委員会（事故調）の調べに答えた「聴取結果書」（吉田調書）に関するスクープ記事を取り消す、という重大な事態も同時進行していた。

14年8月から9月のわずか1カ月ほどの短い期間に次々と浮上した、この三つの出来事は、たった一つでも新聞社を揺るがす大問題である。それが三つ束になって、朝日新聞に強烈なパンチを浴びせることになった。

なぜ本書を書くのか

私は朝日新聞に入社して31年目になる。これまで慰安婦報道にかかわったことはなく、直接の関係者ではないが、朝日新聞社員である以上は、広い意味で当事者である。

当事者が、慰安婦報道や吉田調書報道の「誤報」と、その後の処理の過程で浮かび上がった問題について語るのは、正直いって厳しくつらい。この数カ月間、暗澹《あんたん》たる気分で関係資料を読み、原稿を書いてきた。

なぜ、本書を書くことにしたのか、最初に説明しておきたい。

30年以上にわたる記者生活で、さまざまな劇的場面にも遭遇し、それなりの経験を積んできた。振り返ると、生涯、その衝撃を忘れられない三つの出来事がある。

一つ目は朝日新聞阪神支局襲撃事件、二つ目は朝日新聞の写真記者によるサンゴ損傷事件、三つ目は長崎県の雲仙・普賢岳《ふげんだけ》の大火砕流による惨事だ。

阪神支局襲撃事件は、1987年5月3日夜に起こった。目出し帽をかぶった黒装束の男が、兵庫県西宮市にある朝日新聞阪神支局編集室に押し入り散弾銃を発射、当時29歳の若い記者を殺害し、42歳の記者に大けがを負わせた。

この日は憲法記念日だったが、勤務中の記者を撃ち殺して「黙らせる」というやり方は、もっとも卑劣な報道封殺で、日本の言論史上初めてのことだった。この事件は2002年5月3日に時効を迎えている。

私は85年4月から86年3月までの1年間、この支局に勤務し、亡くなった小尻知博記者や重傷を負った犬飼兵衛記者と机を並べていた。小尻記者は尼崎市の警察、私はその隣町の西宮市と芦屋《あしや》市の警察を、駆け出し記者として担当していた。後年、慰安婦報道にかかわり、92年1月11日朝刊で「慰安所への軍関与の資料があった」と特報した記者も、阪神支局に同僚記者として在籍していた。

私が大阪本社に転勤した約1年後に事件が起こったのだが、たまたま事件当日の昼間、久しぶりに阪神支局を訪れ、小尻記者と話していた。新聞休刊日でもあり、支局ですき焼きを食べようと誘われたが、まだ時間が早かったため、私は支局をでた。その数時間後に事件が起きたのである。事件発生直後に私も現場に急行し、取材にあたった。深夜、収容先の病院で小尻記者の死を告げられたときの衝撃は忘れられない。

当時、私は28歳、まだ新人の域をでない若い記者だった。このような経験があり、「言論の自由」「表現の自由」といったジャーナリズムや報道の根幹にかかわる問題に人並み以上に関心をもち、考えるようになっていった。

この阪神支局襲撃事件では「反日朝日は50年前にかえれ」と書かれた犯行声明が届けられた。本書の主題である慰安婦報道をめぐっても、「反日」「売国奴」「国賊」という言葉が飛び交い、朝日新聞という新聞や組織だけではなく、元記者とその家族のもとに「売国奴」と大きく書いたはがきが送りつけられている。

朝日社内ではあえて避けているのか話題にあまりならないが、「慰安婦報道へのバッシングをきっかけに、第二の阪神支局襲撃事件が起こらないか」というのが私にとっての大きな心配事だった。このようななか、朝日の幹部は判断ミスを重ね、自らの首を絞めていった。

これが本書を出版し、「朝日新聞」問題を考えたいと思った、最初の理由である。

サンゴ損傷事件から25年後の朝日問題

サンゴ損傷事件は、1989年春に起きた。朝日新聞写真記者の2人が沖縄・西表島《いりおもてじま》沖の海中にある世界最大級のアザミサンゴ（直径8m、周囲20m、高さ4m）に、自ら「KY」と彫り込んで撮影し、「サンゴ汚した　K・Yってだれだ」という記事とともに掲載した（4月20日夕刊1面）。環境保護を訴える「写'89　地球は何色？」という写真を中心とした連載の一枚だった。

これは完全な捏造《ねつぞう》報道である。地元のダイビング組合員の「朝日新聞写真記者の自作自演ではないか」という指摘で明るみになった。このときはゴールデンウィークをはさんでいたこともあって調査が後手後手に回り、組合員の電話があってから20日近くもたって、記事はようやく訂正された。

当初は「『KY』という字がもとからあり、それを鮮明にするためストロボのアームで削った」と説明し、「取材に行き過ぎがあった」というおわび記事を掲載した。しかし、ネガを精査すると「Y」の字がなく、数日後にこのおわびを訂正。「サンゴ写真の落書きは、捏造であった」と社告をだした。

訂正内容が二転三転したこともあり、社長が辞任し東京本社編集局長と写真部長が更迭されている。当時の朝日東京本社はリクルート事件の大スクープを放ち絶頂期だったが、一転して谷底に転落した。まさに激震が走った。「不誠実である」「傲慢《ごうまん》だ」とする読者からの抗議の電話は凄《すさ》まじかった。私も電話対応したが、2週間以上にわたり、終日、読者からの電話が鳴りやまなかったように記憶している。

私はこの年1月に大阪本社から東京本社に転勤し、「写'89」取材班の末席にいた。年齢は30歳だった。きわめて近いところで、逃亡中の日本共産党幹部との単独会見として報じた伊藤律架空会見記（1950年）とともに「朝日の二大捏造報道」ともいえるこの大事件に接することになった。

朝日は同年10月に調査報告紙面をつくり、合わせて、再発防止に向けての対策として社内組織の改革を発表している。それによると、編集局長と局次長を補佐する「紙面委員」、欧米の新聞界でおこなわれているオンブズマン制度を参考にした「紙面審議会」、読者からの問い合わせや指摘に応対する「読者広報室」——という三つの組織を発足させている。そして、「独善的気風を改めよ」「読者・国民に対し、事実に対し謙虚であれ」「おごりを許さない社風をつくろう」などとしている。組織改革にしろ、上記の標語にしろ、今回の朝日問題でいわれていることと重なる。

サンゴの写真を撮った写真記者は、それまでにいくつかの失敗を繰り返しており、捏造してまで挽回《ばんかい》しなければならないぐらい追いつめられていたようだ。やはりここでも、ジャーナリズムについて深く考えさせられることになった。

とはいえ、二度とサンゴ損傷事件のようなショッキングなものには遭遇しないだろうと思っていた。しかし、それから25年後、一連の「朝日新聞」問題に向き合うことになった。

原点にもどって考える

雲仙・普賢岳の大火砕流は、1991年6月3日に発生した。東斜面で過去最大規模の火砕流が発生し、巻き込まれた報道・消防関係者ら43人が亡くなるという大惨事になった。報道関係者は写真記者を中心に14人が死亡した。

このなかに2人の親しい知り合いがいた。毎日新聞西部本社の写真記者・石津勉氏（当時33歳）と読売新聞大阪本社の写真記者・田井中次一《つぎかず》氏（当時53歳）だ。

石津氏は私が大阪本社に勤務していたころ、やはり毎日の大阪本社にいた。年齢も一つ違いなので、よく飲みにいったりした仲のいい友人だった。私が東京本社に転勤するのと同じ時期に西部本社にやはり異動し、雲仙・普賢岳の取材をしていた。

田井中氏は大阪から西部本社に応援で出張し、やはり普賢岳の噴火を取材していた。年齢はだいぶ上だったが穏やかな人柄で、他社の記者ではあるが、新人の私に現場で仕事のアドバイスをしてくれたり、雑談したりしていた。2人が「巻き込まれた」と知ったときは、さすがに血の気が引いた。また死者のなかには、報道関係者に同行していた地元のタクシー運転手4人も含まれていた。巻き添えの死だった。その後、私も東京本社から応援取材にいき、大火砕流の現場を間近にみたが、悔しさと理不尽さに、しばらく仕事も手につかなかった。

入社10年もたたない若い記者時代に、阪神支局襲撃事件、サンゴ損傷事件、雲仙・普賢岳の大火砕流を身近なところで経験することになった。この三つの経験から得た教訓は、私にとって記者の原点となった。

ジャーナリズムという仕事は、何のためにあるのか。なぜ自分はジャーナリストをめざすのか。この二点を考えないわけにはいかなかった。そして、先の三つの体験に勝るとも劣らない今回の「朝日新聞」問題に直面し、もう一度、新聞記者をめざした若い日の原点にもどって考えなければならないと思った。

朝日の社員が個人的な考えや見解を述べるのはふさわしくない、と考える人もいるかもしれない。しかし、ジャーナリズムの根幹にかかわる重要な問いかけと、それに対する答えを探す手立てが、「朝日新聞」問題のなかに凝縮されているのではないか。そう思い、筆をとることにした。

ジャーナリズムの鉄則と倫理

それでは、一連の「朝日新聞」問題にもどる。

この問題には、「誤報」という取材・執筆にかかわる問題と、「誤報」の処理という事後過程での問題の二つがある。これを分けて考えなければ、問題の所在が曖昧《あいまい》になる。

「誤報」問題は慰安婦報道と吉田調書報道そのものにあり、事後過程の問題は慰安婦報道と吉田調書報道の「誤報」が的確に処理できたのかということである。この二つの問題を本書で考えていくのだが、その前に今回の一連の出来事ときわめて密接にかかわる、ジャーナリズムの鉄則と倫理について、最初に説明しておきたい。

記者あるいはジャーナリストの仕事の大きな柱は、記事を書くことである。その記事が記事として認められる要件は何なのか。それを整理する機会があった。

2010年から11年にかけて、民間告発サイト「ウィキリークス（WL）」が、世界的にたいへんな話題になった。WLはオーストラリア人で元ハッカーのジュリアン・アサンジュ氏が開設したもので、サイトに送られてきた、イラクでの米軍ヘリからの誤射殺人ビデオやアフガニスタンに関する米機密文書などを公開、衝撃を与えた。

そして、きわめつきが米国の外交公電25万点だ。質、量ともにたいへんな情報で、米政府をはじめ世界が騒然とした。この外交公電は英紙ガーディアンや米紙ニューヨーク・タイムズ、独誌シュピーゲル、仏紙ルモンドなどの有力メディアを通じて順次公開された。

この過程で議論となったのは、得た情報の真偽を確かめずネットに公開するWLはジャーナリズム機能を果たしているのか？　というものだった（当初は真偽を確かめていたこともあったが、膨大な労力と資金がかかるので、やがてやらなくなった）。

ジャーナリストや研究者のあいだでは、WLはジャーナリズムではなく「情報源」「仲介者」「チャンネル（通信路）」だという意見が大半だった。ただ、ジャーナリズムでないという以上は、逆に、どういう要件を満たしたらジャーナリズムといえるのか、ということを示す必要があった。

当時、いくつもの見解や資料にあたったが、おおむね同じような定義がされていた。そのなかで分かりやすく整理されていたものを紹介する。朝日新聞元編集局長の外岡秀俊氏が「新聞研究」11年4月号に寄稿したものだ。

外岡氏は「ジャーナリズムの鉄則とは何だろうか。それは簡略にいえば、『三つのテスト』に要約できる。①真偽性のテスト、②公益性のテスト、③反論権のテスト――である」とし、「真偽性のテストは、いうまでもない。ジャーナリズムは、情報源の素性と、情報の信憑《しんぴょう》性を、独立した他の情報源によって確認する。次いで、その情報を報道することが、公益に合致するかどうかを判断する。……そして、情報の対象となる第三者には、反論の機会を与える」と、具体的に解説していた。

つまりジャーナリズムの鉄則とは、「情報の真偽の確認、公益性の確認、反論権の確保」というシンプルな三点に要約される。これが最大公約数ですべてだと納得できた。私の言葉でいえば、記事として成立させるためには「提示された『事実』の裏付けをとり、裏付けがとれたなら、公益性があるか判断するためその事実に社会的な文脈を与え、そして取材対象者に反論の機会を与える」となる。この三つのハードルを越えなければならない。それができて初めて記事として掲載できると私は考えている。逆にいえば、この三点をクリアしていない記事は未完成であり、新聞に載せる段階にいたっていない。

また、ジャーナリズムの倫理（良心でもいい）は、組織ジャーナリズムであっても個人の内側から醸成されていくもので、上意下達で与えられていくものではない。先にあげたジャーナリズムの鉄則を愚直に守っていくなかで、徐々に育てられていくのではないか。

たとえば、新人記者であっても取材・執筆をはじめたその日から三つの鉄則を必ず守る。先輩記者やデスクがそれを新人に伝え、その新人は後輩へと引き継いでいく。こういう作業を繰り返せば、個々人のなかにジャーナリストとしてやっていいこと、やってはいけないことの区別が自然とついていくように思える。

シンプルないい方をすれば、職業倫理とは絶え間ない実践と議論の繰り返しのなかで育《はぐく》まれていくもので、教科書やマニュアルで伝えるには限界がある。フリーランス・ジャーナリストであっても同様であろう。

本書では、慰安婦報道と吉田調書報道においてジャーナリズムの鉄則が守られてきたのか、「誤報」の事後処理をする段階でジャーナリズムの倫理が働いたのかを考えたい。

いうまでもないが、ここでは慰安婦問題や原発事故問題を直接扱うのではなく、慰安婦報道や原発事故をめぐる報道を通して報道やジャーナリズムのあり方を考える。

本書は7章から構成される。第1章でそもそも朝日の慰安婦報道問題とは何であるかを説明し、第2章で朝日の慰安婦報道をめぐる14年検証を取り上げる。第3章は池上氏のコラム掲載見合わせと朝日元記者へのバッシング問題、第4章は14年9月11日の吉田調書の記事取り消し会見、第5章は吉田調書報道をめぐる朝日新聞社の「報道と人権委員会（PRC）」の見解に言及する。第6章は朝日の慰安婦報道を検証した第三者委員会の報告書の説明と、それに対する私の考えを述べ、最後の第7章で、一連の「朝日新聞」問題について私の考えるところを結論として提示したい。

巻末に年表と参考記事、資料を掲載しているので、必要に応じて参照していただきたい。なお、特に断りがないかぎり、取り上げた新聞記事は東京本社発行の最終版をもとにしている。

第1章　そもそも慰安婦報道問題とは何か

慰安婦報道の検証特集をとつぜんと掲載

朝日新聞は自らの慰安婦報道を点検し、２０１４年8月5日、6日朝刊と2日間にわたって特集記事「慰安婦問題を考える」を掲載、誤りがあったとして一部を取り消すと報じた。５日朝刊の１面には取締役編集担当による、「読者への説明責任を果たすことが、未来に向けた新たな議論を始める一歩となると考えるからです」とする記事【参考記事13】を載せ、なぜいま、特集を組むことにしたのか説明した。

しかし、唐突に思った読者も少なくないのではないか。１面の後文には「今日の特集では、慰安婦問題とは何かを解説し、90年代の報道への読者の疑問に答えます」と書かれていた。1990年代とは15年以上も前の話である。さらに、慰安婦報道問題の発端となった、吉田清治氏（故人）による韓国・済州島《チエジユド》で朝鮮人女性を強制連行したという証言は、朝日新聞82年9月2日朝刊（大阪本社版）の社会面に掲載されたものだ【参考記事1】。

この「吉田証言」記事については専門家などから疑問が呈され、朝日も調べ直して97年3月31日朝刊に特集を掲載、吉田氏の証言が虚偽だという確証がもてなかったとして「真偽は確認できない」と記述していた【参考記事12】。つまり、今回の特集記事から32年前に初めて載せられた記事について、15年後に特集を組み、さらにその17年後に再び大規模な検証記事を掲載、虚偽と判断して取り消したのである。

私は84年入社なので、記事が初掲載されたときはまだ朝日新聞社の社員になっていない。97年3月の検証記事については、第一線の記者で日常の取材に忙殺されていた時期でもあり、当時の状況が詳しく思いだせない。第2次安倍晋三政権の発足以降、朝日の慰安婦報道がさかんに批判されるようになり、重大な関心を寄せるようになった。

おのが不明を恥じるが、社員である私自身でさえ、長くよく知らなかった問題について検証記事が掲載されたものだから、正直いって戸惑った。検証記事が載せられることを知ったのも掲載日の前日である。記事を読んだ多くの一般読者が唐突感を抱いたのは、こうした点からも想像に難くない。

近年、朝日新聞社内でも慰安婦報道問題については、社の幹部から特段の説明がされてこなかった。このような状況だったので、とりわけ97年3月の特集記事の掲載以降に入社した20代や30代の若い社員らが、取材先や取引先、訪問先で「朝日の慰安婦報道はどうなっているのか？」と問われたことがあったとしても、満足のいく説明はできなかったであろう。まず社内でこれまでの経緯についてきちんと説明し、情報を共有する必要があるのではないか、と引っかかっていた。

「慰安婦狩り」を語る迫真の吉田証言

それでは、そもそも慰安婦報道問題とはどのようなものなのか、順を追ってみていきたい。

朝日新聞は2014年8月5日朝刊の特集記事「慰安婦問題を考える　上」【参考記事14】で、「朝日新聞は吉田氏について確認できただけで16回〔後に18回に訂正〕、記事にした。

初掲載は82年9月2日の大阪本社版朝刊社会面」と認定した。

この9月2日朝刊の記事は大阪本社版（朝日新聞はほかに東京、名古屋、西部の各本社版がある）だけに掲載。大阪市内での吉田氏の講演を伝える記事にし、「朝鮮の女性　私も連行／暴行加え無理やり」と見出しをつけ、「『〈昭和〉十八年の初夏の一週間に済州島で二百人の若い朝鮮人女性を『狩り出した』』「朝鮮人男性の抵抗に備えるため完全武装の日本兵十人が同行した。集落を見つけると、まず兵士が包囲する。続いて吉田さんの部下九人が一斉に突入する。若い女性の手をねじあげ路地にひきずり出す」と、その迫真の証言内容を報じた。

「朝鮮人慰安婦は皇軍慰問女子挺（てい）身隊という名で戦線に送り出しました。当時、われわれは『徴用』といわず『狩り出し』という言葉を使っていました」ともいう。

吉田清治氏（1913〜2000年）は福岡県に生まれ、1942年から敗戦まで日雇い労働者らを統制する山口県労務報国会下関支部の動員部長をしていたと自称。清治はペンネームで、本名は雄兎《ゆうと》とされる。「慰安婦狩り」の様子を克明に描いた、『朝鮮人慰安婦と日本人　元下関労報動員部長の手記』（新人物往来社、1977年）と『私の戦争犯罪朝鮮人強制連行』（三一書房、１９８３年）と題する2冊の本を出版している。

朝日はこの衝撃的な吉田証言を報じた後、翌83年10月から12月に3回にわたり、東京本社版においても吉田氏をめぐる記事を掲載した。

83年10月19日夕刊では第1社会面左上（1社面カタ）に「韓国の丘に謝罪の碑／『徴用の鬼』いま建立」と見出しをとり、「太平洋戦争中、六千人の朝鮮人を日本に強制連行し、『徴用の鬼』と呼ばれた」と吉田氏を紹介。その吉田氏が謝罪のために碑を韓国に建立すると伝え、「軍や警察の協力を得て、田んぼや工場、結婚式場にまで踏み込み、若者たちを木刀や銃剣で手当たり次第に駆り立てた」と連行の様子を報じた。

ついで11月10日朝刊は「朝鮮人を強制連行した謝罪碑を韓国に建てる　吉田清治《よしだせいじ》さん」として「ひと」欄に掲載、「国家による人狩り、としかいいようのない徴用が、わずか三十数年で、歴史のヤミに葬られようとしている。戦争責任を明確にしない民族は、再び同じ過ちを繰り返すのではないでしょうか」という発言を紹介した【参考記事2】。

さらに、12月24日朝刊では1社面カタに「たった一人の謝罪／韓国で『碑』除幕式」との見出しにし、「私は戦前数多くのあなた方を強制連行した張本人です。すでに三十八年の歳月が流れ、私一人だけのおわびではありますが、自責の念で死ぬにも死ねない気持ちでやってまいりました」とする発言を伝えた【参考記事3】。吉田氏が私費を投じて「謝罪の碑」を建てた韓国・天安市に朝日記者も同行、土下座して謝罪する吉田氏の写真を撮影し、合わせて載せた。

このように吉田氏にかかわる記事を月1回の割で3回掲載、土下座写真の効果とも相まってインパクトのあるものになっている。

初報の筆者が分からずじまいに

この記事は国会でも取り上げられることになった。１９８５年2月14日の衆院予算委員会で社会党の佐藤観樹議員が旧植民地政策に対し、政府は誠実に対応しなければならないという文脈から吉田証言に言及し、「新聞では『たった一人の謝罪』というふうに報道され、ここに吉田さんが地べたに手をついて謝っている写真があるわけでありますけれども……」と質問、これについて当時の中曽根康弘首相が「朝鮮半島で日本が行ったことに対する日本人自体の反省につきましては、全く同感であります。／それから、吉田清治さんがおやりになっていることは非常にとういことであると思います。今初めてお聞きいたしましたので、よく調べてみたい」と答弁している。

国会議事録によると、佐藤議員以外にも、たとえば伊東秀子議員（社会党）が92年2月19日の衆院予算委、清水澄子議員（同）が同年3月21日の参院予算委でそれぞれ質問している。

このように82年9月2日朝刊（大阪本社版）の記事を発端として波紋が広がっていくことになった。この初報記事の筆者について、朝日の２０１４年８月５日朝刊の特集記事は「執筆した大阪社会部の記者（66）は『講演での話の内容は具体的かつ詳細で全く疑わなかった』と話す」としていた。

しかし、朝日は「その後、この元記者は当該記事の執筆者ではないことがわかりました。おわびして訂正します」と14年９月29日朝刊で訂正記事をだした。特集記事には「講演での話の内容は具体的かつ詳細で全く疑わなかった」という、まさに記者が吉田氏の講演を聞いていたとするリアルな記述もあり、この訂正に驚いた読者は少なくないのではないか。

吉田氏が大阪市内で講演した時点で、元記者は国内にいなかったことが判明したという。

訂正記事には、当時の大阪社会部にいた別の元記者が「吉田氏の記事を書いたことが1度だけある。初報は自分が書いた記事かもしれない」と名乗りでているとし、「初報が掲載された経緯については近く設置する第三者委員会の調査結果を踏まえて紙面でご説明します」としていた（結果は、第三者委員会においても筆者は特定できなかった）。

古い新聞記事は署名が入っていなければ、誰《だれ》が書いたかを特定するのは難しいかもしれない。署名記事以外に筆者名を記録する習慣は新聞社にはない。しかし、吉田証言は掲載当初から大きな関心を呼び、さらに長期間にわたって争点となってきた。97年3月31日朝刊の特集記事【参考記事12】でも言及されているが、筆者から事情も聞かずに97年特集をつくったのだろうか。初報記事の筆者が特定されないまま、記事が取り消されるとは見方によれば気味の悪い話である。

告白に疑問を投げかける多数の投書

次に吉田氏がひんぱんに登場するのは、1990年から92年にかけてで、計9本（うち大阪本社版3本）の記事が掲載された。以下に、掲載日と見出しを列挙する。

- 90年6月19日朝刊（大阪本社版）「名簿を私は焼いた／知事の命令で証拠隠滅」
- 91年5月22日朝刊（同）「女たちの太平洋戦争／従軍慰安婦　加害者側の証言」
- 91年10月10日朝刊（同）「女たちの太平洋戦争／従軍慰安婦　加害者側から再び証言」
- 92年1月23日朝刊「論壇／従軍慰安婦への責任と罪」（社外筆者）
- 92年1月23日夕刊「窓　論説委員室から／従軍慰安婦」
- 92年2月1日朝刊「私の紙面批評／冷静な検証のない危険性」（社外筆者）
- 92年3月3日夕刊「窓　論説委員室から／歴史のために」
- 92年5月24日朝刊「『今こそ自ら謝りたい』／従軍慰安婦連行の証言者、7月に訪韓」
- 92年8月13日朝刊「元慰安婦に謝罪　ソウルで吉田さん」

いずれの記事も慰安婦を強制連行したとする吉田証言にもとづいて書かれている。

たとえば92年1月23日夕刊の「窓　論説委員室から／従軍慰安婦」**【参考記事7】**は、「国家権力が警察を使い、植民地の女性を絶対に逃げられない状態で誘拐し、戦場に運び、一年二年と監禁し、集団強姦（ごうかん）し、そして日本軍が退却する時には戦場に放置した。私が強制連行した朝鮮人のうち、男性の半分、女性の全部が死んだと思います」という吉田氏の告白を伝え、「マスコミに吉田さんの名前が出れば迷惑がかかるのではないか。それが心配になってたずねると、吉田さんは腹がすわっているのだろう、明るい声で『いいえ、もうかまいません』といった」と記事を結んでいる。

この「窓」欄を読んだ読者から疑問を投げかけるたくさんの投書が寄せられた。それを受けて再び同じ筆者が、同年3月3日夕刊の「窓」欄に「歴史のために」**【参考記事8】**というコラムを掲載している。

そのコラムは、投書には「そんなことは見たことも聞いたこともない。……なかには自己顕示欲や誇張癖のために、ゆがめられた話もあるだろう」「自虐的に自国の歴史を語るな。子孫たちが祖国への誇りを失ってしまう。……過去を語っても無益。早く忘れよう」「日本軍の残虐行為を知ったら、遺族は、わが父、兄弟も加わったかと苦しむだろう。そのつらさを考えよ。……英霊を冒涜（ぼうとく）するな」という共通する型があると分析。そして、「知りたくない、信じたくないことがある。だが、その思いと格闘しないことには、歴史は残せない」と反駁《はんばく》を加えるものとなっている。

ちなみに、この2本のコラムは同じ筆者が書いているが、すでに故人になっており、直接事情を聞くことができない。

専門家による吉田証言への疑問

このようななか、産経新聞は1992年4月30日朝刊で、現代史家の秦郁彦《はたいくひこ》氏の韓国・済州島での現地調査（92年3月）にもとづき、「加害者側の〝告白〟被害者側が否定」との見出しをとり、吉田証言による「済州島での〝慰安婦狩り〟については、信ぴょう性が極めて疑わしい」とする秦氏のコメントを載せた。

産経によると、地元紙の済州新聞は、89年8月14日の記事で吉田氏の著作での記述を「裏づけ証言する人はほとんどいない」とし、次のように指摘している。

「島民たちは『でたらめだ』と一蹴し、この著述の信ぴょう性に対して強い疑問を投げかけている」「城山里の住民のチョン・オク・タンさん（八五歳の女性）は『二五〇余の家しかないこの村で、一五人も徴用したとすれば大事件であるが、当時そんな事実はなかった』と語った」「郷土史家の金奉玉氏は『一九八三年に日本語版（私の戦争犯罪…）が出てから何年かの間追跡調査した結果、事実でないことを発見した。この本は日本人の悪徳ぶりを示す軽薄な商魂の産物と思われる』と憤慨している」

秦氏は後に吉田氏のことを「職業的詐話師」と説明している。

ほかに雑誌「諸君」同年7月号で歴史家の板倉由明氏が、同8月号で歴史教科書研究家の上杉千年《ちとし》氏がやはり吉田証言に疑問を呈しており、その信憑性《しんぴょう》は92年時点で怪しいものになっていたといえる。

元朝鮮人従軍慰安婦の証言を報じる

吉田証言がクローズアップされるなか、もう一つの大きなスクープ記事が1991年8月11日の朝日新聞大阪本社版の社会面トップに掲載された。「思い出すと今も涙／元朝鮮人従軍慰安婦／戦後半世紀　重い口開く」との見出しがとられた記事だ【参考記事4】。

元慰安婦の1人が「韓国挺身隊問題対策協議会」（挺対協。尹貞玉《ユン・ジョンオク》・共同代表）の聞き取りに応じて証言、それを録音したテープを91年8月10日に聞いたとして報じた。記事によると、この女性は68歳、中国東北部で生まれ、17歳のときにだまされて中国南部の200～300人の部隊がいる慰安所に連れていかれ、慰安婦にされたという。

慰安所は民家を使い、そこには5人の朝鮮人女性がおり、一番年上の日本語を話す女性が将校の相手をし、残りの4人が一般の兵士200～300人を受け持ち、毎日3、4人の相手をさせられた。数カ月働かされたが、逃げることができ、戦後になってソウルに戻った。女性はテープのなかで「思い出すと今でも身の毛がよだつ」と語っているとした。

また、この記事は書き出しの部分で「『女子挺（てい）身隊』の名で戦場に連行され、日本軍人相手に売春行為を強いられた『朝鮮人従軍慰安婦』……」とし、「慰安婦」と「挺身隊」の混同がみられた。

この記事を書いたのは当時、大阪社会部の記者をしていた植村隆氏で、韓国に出張し匿名を条件に取材。それまで韓国在住の元慰安婦の証言は報じられたことはなく、地元メディアよりも先んじて伝えた特ダネ記事で波紋を広げることになる。翌日には朝日の東京本社版にほぼ同じ記事が載せられた。

この女性は朝日報道の3日後の8月14日にソウル市内で、「金学順《キム・ハクスン》」という実名を公表し、メディアの取材に応じた。

さらに、元慰安婦や軍人・軍属、遺族らでつくる韓国の「太平洋戦争犠牲者遺族会」のメンバー35人による原告団が同年12月6日、日本政府を相手取り、植民地支配と戦争で被った犠牲の補償として1人当たり2000万円、計7億円の支払いを求める訴訟を東京地裁に起こした。この原告団に金氏を含む3人の元慰安婦が名を連ねている。

朝日新聞91年12月6日夕刊（1社面）によると、金氏は東京・西早稲田の宿舎で朝日記者のインタビューに答え、「『畳を見てつらかった。植民地時代を思い出した』とやつれた表情で、ぽつりと語った。白いチマ・チョゴリ姿。『まだ韓国にはたくさんの慰安婦たちが黙ったままです。夫や子供がいる人はこんな体験を話せるわけはない』。『でも私は話します。胸が痛いけれど……』と話を続けた」としている。

朝日の8月11日の特ダネ記事を発端とする動きは、吉田証言と相まって朝鮮人女性を慰安婦にするための強制連行があったと印象づけることになった。

植村記事に対する西岡氏の三点の疑問

植村氏は初出の1991年8月11日朝刊のほかにも、くだんの金学順氏について実名にし、続報を書いている。こうした植村氏の記事をめぐり、月刊「現代コリア」編集長（当時）の西岡力《つとむ》氏（現在、東京基督教大学教授）が月刊誌「文藝春秋」92年4月号に寄稿、主に三点の疑問を投げかけることになる。

西岡氏は91年8月11日の記事に加え、「金さんが地区の仕事をしている人に『金儲けができる』とだまされて17歳で慰安婦にさせられた」とする朝日新聞91年12月25日朝刊（大阪本社版）の記事【参考記事5】を紹介。次いで金氏が記者会見で「生活が苦しくなった母親によって十四歳のとき平壌にあるキーセン〔芸妓〕の検番に売られていった。三年間の検番生活を終えた金さんが初めての就職だと思って、検番の義父に連れられていった所が、北中国の日本軍三百名余りがいる部隊の前だった」と韓国のハンギョレ新聞（91年8月15日）を引用して経歴を示し、次のように指摘した。

「女子挺身隊という名目で明らかに日本当局の強制力によって連行された場合と、金さんのケースのような人身売買による強制売春の場合では、日本軍ないし政府の関与の度合いが相当に違うことも確かだ」「まして最も熱心にこの問題に関するキャンペーンをはった朝日新聞の記者が、こうした誤りを犯すことは世論への影響から見ても許されない」

これが一点目の指摘だ。植村氏は、91年8月、12月の記事においても金氏が「キーセン学校」に通っていたことにはふれていない。

ついで二点目は、植村氏が個人補償請求裁判を起こした「太平洋戦争犠牲者遺族会」のリーダー的存在の梁順任《ヤン・スニム》常任理事の義理の息子であることを指摘。「彼自身は今回訴えた韓国人戦争犠牲者の遺族の一員とも言えるわけで、そうであればなおのこと、報道姿勢には細心の注意を払わなくてはならないと私は思う。たとえ仮に自分の支持する運動に都合の悪いことでも、事実は事実として伝えてくれなければ、結局問題の正しい解決にはつながらないのである」とした。

三点目は「従軍慰安婦」と「挺身隊」の混同について次のように疑義をただした。

「そもそも挺身隊と慰安婦は制度としてまったく別のものである。それが韓国においてはほぼ同一視されてしまっている。韓国の報道にこうした誤報が頻発し、また慰安婦問題が韓国人の感情をこれだけ刺戟するのも、女子挺身隊で連行された朝鮮人女性は、大半が慰安婦にされたと韓国人が思い込んでいるためである」「韓国通の植村記者でさえ、金さんの存在を伝える第一報のリード部分に事実でもないのに平気で『挺身隊』と書く。……だいいち、いままでのところ挺身隊という名目で慰安婦にされた韓国人女性は一人も見つかっていないのである」

西岡氏は、この「文藝春秋」92年4月号を起点に現在にいたるまで、朝日の慰安婦報道に疑義をただしつづけている。

慰安所への軍関与を示す資料を特報

朝日新聞は植村氏が元慰安婦の初の証言を伝えた翌年の1992年1月11日朝刊の1面トップで「慰安所　軍関与示す資料／防衛庁図書館に旧日本軍の通達・日誌」との見出しにし、慰安婦について「国の関与を示す資料が防衛庁にあった」と特報した【参考記事6】。これまでの日本政府の見解が揺らぐインパクトの強いものだった。

記事は「日中戦争や太平洋戦争中、日本軍が慰安所の設置や、従軍慰安婦の募集を監督、統制していたことを示す通達類や陣中日誌が、防衛庁の防衛研究所図書館に所蔵されていることが十日、明らかになった」「日本政府はこれまで国会答弁の中で『民間業者が連れて歩いていた』として、国としての関与を認めてこなかった」とした。

5日後に当時の宮沢喜一首相が訪韓するというタイミングの掲載で、慰安婦問題を政治問題化するための「意図的な報道」と批判されるとともに、軍が「強制連行」に関与した証拠がみつかったかのような印象を与えることになったと問題にされることになった。

また、1面に合わせて載せた「従軍慰安婦」の用語説明を次のように書いた。

「一九三〇年代、中国で日本軍兵士による強姦事件が多発したため、反日感情を抑えるのと性病を防ぐために慰安所を設けた。元軍人や軍医などの証言によると、開設当初から約八割が朝鮮人女性だったといわれる。太平洋戦争に入ると、主として朝鮮人女性を挺身（ていしん）隊の名で強制連行した。その人数は八万とも二十万ともいわれる」（全文掲載）

「朝鮮人女性を挺身隊の名で強制連行した」とあるが、挺身隊とは戦時下で女性を軍需工場などに動員した「女子勤労挺身隊」を指すもので、慰安婦とはまったく別のものであった。さらに、「その人数は八万とも二十万ともいわれる」とあるが、この数字についても疑問を呈されることになる。

朝日の報道後、加藤紘一官房長官（当時）は1月13日に「従軍慰安婦の募集や慰安所の経営等に旧日本軍が何らかの形で関与していたことは否定出来ないと思う」との談話を発表し、「従軍慰安婦として筆舌に尽くし難い辛苦をなめられた方々に対し、衷心よりおわびと反省の気持ちを申し上げたい」と日本政府として初めて公式に謝罪表明した。

宮沢首相は16日に訪韓、17日におこなわれた日韓首脳会談で盧泰愚《ノテウ》大統領は「不幸な過去の歴史への正しい認識と反省が大切だ。今後、真相究明に努めていただきたい。そして、しかるべき措置をお願いしたい」と注文、これに対し、宮沢首相は「旧日本軍が何らかの形で関与していたことは否定できない。慰安婦の方々に衷心よりおわびと反省を申し上げる」と公式に謝罪した。

これ以降、韓国が日本を非難し、日本が謝罪を繰り返すという関係がつづくことになる。


読売、産経は「強制性」を認めたことに疑問を呈す

朝日新聞1992年1月11日朝刊の特報記事「慰安所　軍関与示す資料」をきっかけと

して、慰安婦問題の政府調査がはじまることになった。そしてこの調査は後の河野談話、村山談話へとつながり、「女性のためのアジア平和国民基金（アジア女性基金）」が設立されることになる。

防衛、外務、厚生、警察、文部、労働（いずれも当時）の6省庁がそれぞれの保存文書のなかから関係資料を探した。その結果、労働省、警察庁をのぞく4省庁から、計127点の資料が発見された。

政府は92年7月6日に調査結果を公表した。朝日は7日朝刊の1面トップにし「『慰安婦』政府関与認める／強制連行は否定」との見出しをとり、政府は慰安婦問題に関して「慰安所の設置や経営・監督、慰安所関係者への身分証明書の発給などの点で、政府が直接関与していたことを初めて公式に認めた。加藤紘一官房長官は同日の記者会見で、強制連行を裏付ける資料はなかったとしたが、韓国をはじめ、中国、台湾、フィリピン出身などの元慰安婦に対する日本政府としての謝罪の意を表明した」と報じた**【参考記事9】**。

朝日新聞は7月8日朝刊の社説で「『関与』は認めても、『強制』は認めたくない、という政府の及び腰がありはしないか」と批判した。一方、韓国政府は7月31日に独自調査した中間報告書を発表、事実上の強制連行はあったとした。

このように強制の有無について日韓にズレがあり、韓国側は納得しなかった。このため政府は元慰安婦からの聞き取り調査を検討し、その結果93年7月26日〜30日の5日間、ソウルで韓国人元慰安婦16人から聞き取りをおこなった。

そして政府は8月4日、慰安婦問題でつづけてきた調査結果を公表、報告書は慰安婦募集の「強制性」について「本人の意向に反して」集められた事例が多くあったとの表現で強制があったことを初めて公式に認めた。

同時に河野洋平官房長官談話（河野談話）【219ページ参照】を発表、改めて慰安婦問題に関する公式見解を示した。談話は軍の関与について「慰安所は、当時の軍当局の要請により設営されたものであり、慰安所の設置、管理及び慰安婦の移送については、旧日本軍が直接あるいは間接にこれに関与した」と認めた。

また、「強制連行」の有無については「慰安所における生活は、強制的な状況の下での痛ましいものであった」「募集、移送、管理等も、甘言、強圧による等、総じて本人たちの意思に反して行われた」とし、「強制連行」ではなく、「強制」性を問題とするものにした。

朝日はこのニュースを8月5日朝刊の1面トップで報じる【参考記事10】とともに、社説を含む計5面を使って大きく展開した。河野談話に対する韓国政府の反応について朝日は「一応の評価をすると同時に、なお未解明な部分があると指摘する声明を発表した。一方、韓昇洲・外相は、聯合通信との会見で、未解明部分として従軍慰安婦の総数と、当時の日本政府の役割の二点を指摘した」と伝えた。

聞き取り調査終了から河野談話の発表まで1週間たらずという、わずかな期間しかなかった点について、毎日新聞は8月5日朝刊「記者の目」で「未来志向を強調する韓国の金《キム》泳三《ヨンサム》政権の意向に甘えた宮沢政権が、現政権のうちに区切りをつけようと、政権を去る前に発表した政治決着の側面を否定できない」と指摘した。

談話発表の翌日8月5日に、前月の総選挙で過半数割れした自民党の宮沢内閣は総辞職し、衆参両院での首相指名投票で非自民・非共産8党派（連立与党）が推す日本新党の細川護熙《もりひろ》代表が首相に指名された。

河野談話に対する受けとめ方は、メディアによって分かれた。各紙の社説をみると、朝日、毎日、日経新聞は評価し、改めて戦後補償に取り組む必要性を訴え、読売、産経新聞は「強制性」を認めたことに疑問を呈した（毎日が6日朝刊、ほかは5日朝刊）。

たとえば、朝日は「被害者の名誉回復への前進である」と評価したうえで、「戦後補償という問題に、正面から向き合わなければならない。道義に照らして恥ずかしくない対応が必要だ」とし、「戦後補償への取り組み」の必要性を改めて訴えた。

一方、読売は「今回の調査結果は韓国側の意向に沿う形になった。しかし、『強制性』については、日本国内になお、さまざまな反論があるのも事実だ。政府は引き続き、慰安婦をめぐる真相の全容を明らかにする努力をすべきだ」とし、強制連行についての客観的な調査の継続を求めた。

読売はその後も「河野談話が国内外から強制連行を認めたと受け止められ、日本軍が『性奴隷』を使ったといういわれなき批判を受ける原因となった」とし、「河野談話の見直しを繰り返し求めてきた」（読売新聞編集局『徹底検証　朝日「慰安婦」報道』中公新書ラクレ、２０１４年）。産経新聞も読売新聞と同じ立場だ。

朝日は94年1月25日朝刊の創刊１１５周年記念特集で、「政治を動かした調査報道」の一つとして慰安婦報道を取り上げ、「近年になって急浮上したこれらの戦後補償問題に、朝日新聞の通信網は精力的に取り組み、その実像を発掘してきた」としている。

村山談話とクマラスワミ報告

村山富市首相（当時）は1994年8月31日、翌年の戦後50周年に向けて戦後処理問題への取り組みをまとめた「平和友好交流計画」に関する談話を発表した。そのなかで慰安婦問題に言及し、「私はこの機会に、改めて、心からの深い反省とお詫びの気持ちを申し上げたい」と謝罪した。

元慰安婦に対する個人補償については、政府としてはおこなわないとの方針を踏襲。民間募金によって元慰安婦へ「見舞金」などを贈る構想が検討され、95年7月19日に元慰安婦への「償い金」支給事業などをおこなう財団法人「女性のためのアジア平和国民基金（アジア女性基金）」が設立された。

慰安婦についての関心は国際社会でも高まり、ジュネーブで開催された国連人権委員会は96年4月19日、慰安婦問題を含む「女性に対する暴力根絶」に関する決議を採択した。決議は、報告書「女性に対する暴力」（クマラスワミ報告）を作成したラディカ・クマラスワミ（スリランカの法律家）特別報告者の活動を「歓迎」したが、勧告を含む報告書については「留意（テークノート）」との弱い表現にとどまった。

報告書の内容は96年2月に明らかになり、各紙が報じた。朝日新聞2月6日夕刊によると、報告書は「第二次大戦中、旧日本軍が朝鮮半島出身者などに強制した従軍慰安婦は『性奴隷』であると定義し、奴隷の移送は非人道的行為であり、『慰安婦の場合の女性や少女の誘拐、組織的強姦（ごうかん）は、明らかに一般市民に対する非人間的行為であり、人道に対する罪にあたる』」と厳しく指摘していた。

クマラスワミ報告は、第2章「歴史的背景」のなかで吉田清治氏の著書に言及し、「強制連行を行った一人である吉田清治は戦時中の体験を書いた中で……他の朝鮮人とともに1000人もの女性を『慰安婦』として連行した奴隷狩りに加わっていたことを告白している」と記述した。また、第5章「朝鮮民主主義人民共和国の立場」では、北朝鮮の社会科学学会法学研究所のチョン・ナムヨン所長の「まず第一に、20万人の朝鮮人女性を軍性奴隷として強制的に徴集したこと、彼女たちに冷酷な性的暴行を加え、その後大半の女性を殺したことは人類に対する犯罪とみなされるべきである」（いずれも「アジア女性基金」

訳）というコメントを紹介している。「20万人」の根拠は示されていない。

教科書問題をめぐりリベラル系と保守系メディアが論争

文部省（当時）は1996年6月、翌年から中学校で使われる教科書の検定結果を公表、7社のすべての歴史教科書に「従軍慰安婦」に関する記述が登場することになった。これに対して保守系の学者や政治家が「従軍慰安婦」についての関連記述の削除を求め、朝日新聞などリベラル系と読売新聞など保守系メディアも激しく論争することになった。

たとえば、朝日新聞97年2月28日朝刊によると、歴史教科書の見直しを求める「日本の前途と歴史教育を考える若手議員の会」が2月27日、自民党本部で初会合を開き、同会事務局長として安倍晋三氏も参加している。中川昭一代表（当時）は「中学の歴史教科書には懸念がある。特定のイデオロギーではなく、日本人のアイデンティティーでつくるべきだ」とあいさつしたという。

こうした動きに対して、朝日新聞は97年4月2日朝刊に「なぜ歴史を学ぶのか」と題する社説を掲載。「旧植民地や占領地で日本が犯した過ちについて知ることは、これからの国際社会で国籍や人種をこえて共に生きるうえで、大切な素養の一つとなるだろう」「仮に、数行の『慰安婦』記述を教科書から削除したとしても、非人道的行為が世界の人びとの前で免罪されるわけもない。木を見て森全体に目をふさぐかのような議論というしかない」「重ねていうが、教科書の削除によって、歴史の真実が削除されることはない」と反論した。

一方、読売新聞は4月13日朝刊の社説「憲法施行50年／まだ残る〝日本性悪説〟の呪縛」で、「日本の場合、官憲が『強制連行』したことを示す資料はない。／言うまでもなく、他国〔ドイツ軍〕が同じようなことをやったからといって、日本の行為が肯定されることにはならない。／だが、どの国、民族の歴史もきれいごとばかりではないことは、ごく普通の常識に属する話だ。歴史の実像を、時間的にも空間的にも、複眼的に認識しようとする努力を欠いた偏った姿勢では、肝心の日本のことさえ、よくわからなくなるだろう」と指摘し、「勤労動員だった女子挺身隊《ていしん》を慰安婦徴用のための〝女性狩り〟だったと、歴史を偽造してまで、日本を〝比類なき悪〟に仕立てようとした報道などは、そうした偏った姿勢が行き着いた結果ではないか」と朝日を批判した。

このように97年は、慰安婦の強制連行がクローズアップされた92、93年当時と同様に激しい論争が繰り広げられることになった。

朝日の1997年特集記事

前項で述べたように、1997年4月から中学校で使われる歴史教科書に慰安婦についての記述が登場することになり、慰安婦問題が注目された。そして、これに伴って吉田証言の信憑性についての論争も再燃することになった。

歴史教科書の記述は、朝日新聞の記事によればたとえば次のようなものだ。

「多数の朝鮮人や中国人が、強制的に日本に連れてこられ……従軍慰安婦として強制的に戦場に送りだされた若い女性も多数いた」(東京書籍)、「朝鮮などの若い女性たちを慰安婦として戦場に連行しています」(大阪書籍)、「朝鮮の人々も……日本語の使用が強制され、神社への参拝を強要し、姓名を日本式に改めさせました。戦争にも、男性は兵士に、女性は従軍慰安婦などにかり出し、耐えがたい苦しみを与えました」(帝国書院)。

このような状況のなか、朝日新聞は97年3月31日朝刊に旧日本軍の慰安婦をめぐる事実関係を整理した特集と社説を掲載。それに際して93年8月に慰安婦に関する談話（河野談話）を発表した河野洋平元官房長官にインタビューし、その内容も合わせて載せた。

1面に「強制性の認定は正当」とする4段見出しを立て、談話の中身や教科書の記述への批判に反論する河野氏の発言を紹介、「募集、移送、管理などの過程で本人たちの意思に反した『強制性』があったとする政府見解の正当性を強調した」としたうえで、「議論を呼んでいる募集段階での『強制性』については、韓国人の元慰安婦の証言を重視した総合判断による認定であることを明らかにした」と報じた。

見開き特集**【参考記事12】**の右面は「政府や軍の深い関与、明白」との主見出しにし、慰安婦の「徴集（募集）」「輸送・移動」「設置・管理」の3項目に分けて、東京裁判の関係資料や当時の公文書からその方法を詳報した。ほかに河野氏へのインタビューの一問一答と河野談話の全文が掲載された。

特集の左面には「従軍慰安婦　消せない事実」との主見出しをとり、教科書に慰安婦についての記述が載ることになった「経緯」と「強制性」についての2項目を詳報。ほかにアジア各地の元慰安婦の補償をめぐる訴えと日本政府の主張の対立点、各国の元慰安婦たちの思い、4月から中学校で使われる歴史教科書の「慰安婦」に関する記述が載せられた。その後も尾を引きつづけることになる二点の記述は、この特集の左面に掲載された。

一つは吉田清治氏の朝鮮人女性を慰安婦にするために強制連行したという証言をめぐり、「済州島の人たちからも、氏の著述を裏付ける証言は出ておらず、真偽は確認できない」という記述にし、吉田証言の真偽について曖昧なままにした。その後、朝日新聞は吉田証言について紙面で取り上げなくなる。

もう一つは、「強制性」をめぐって「軍による強制連行を直接示す公的文書も見つかっていない。……『強制』を『強制連行』に限定する理由はない。強制性が問われるのは、いかに元慰安婦の『人身の自由』が侵害され、その尊厳が踏みにじられたか、という観点からだ」とする記述についての指摘だ。

つまり、朝日は「強制性」について80年代以降、徴募の場面で強制連行があったとする「狭義の強制性」について報じてきたにもかかわらず、この97年特集では河野談話に依拠する「広義の強制性」を唱える観点から慰安婦問題を論じた。「広義の強制性」というスタンスをとること自体は問題ではないが、それまで主張してきた「狭義の強制性」について何の説明もなく見方を変えたことが問題とされることになった。

97年のこの特集は、4月から中学校で使われる歴史教科書に「慰安婦」に関する記述が登場することになり、メディアのあいだでも賛否があるなか、これまでの慰安婦問題や報道をめぐる経緯を整理したという体裁になっている。吉田証言の信憑性や強制連行の有無について、正面から検証するというものではなかった。

同日朝刊の社説「歴史から目をそらすまい」においても「〈関連記述の削除を求める〉主張に共通するのは、日本軍が直接に強制連行をしたか否か、という狭い視点で問題をとらえようとする傾向だ。／しかし、そのような議論の立て方は、問題の本質を見誤るものだ。資料や証言をみれば、慰安婦の募集や移送、管理などを通して、全体として強制と呼ぶべき実態があったのは明らかである」「慰安婦問題は、ほんの半世紀前まで、日本が植民地として民族を蹂躙《じゅうりん》し、あるいは占領していた地域で起こしたことだ。……わたしたちは、すくなくとも人道的、道義的に責任を負わなければならない」とし、日本軍による狭義の強制連行に限定する議論を「本質を見誤るものだ」と批判、「広義の強制性」を問題にした。

この特集掲載後の各紙の反応をみたが、大きく取り上げて反論する記事などはみあたらなかった。このように他メディアからの表だっての疑問や反論が寄せられなかったことから、当時の朝日関係者は吉田証言問題や強制連行についての説明はこれですんだと考えたのだろう。

朝日慰安婦報道の五つの論点

その後、河野談話について大きな議論が巻き起こったのが、第1次安倍政権（2006年9月〜07年9月）のときであった。河野談話の見直しは安倍氏の持論ともいえ、繰り返し主張してきた。

安倍首相がかつて事務局長を務めた「日本の前途と歴史教育を考える若手議員の会」の後継組織で「日本の前途と歴史教育を考える議員の会」が06年12月に河野談話見直しに向けての活動をはじめる。首相は07年3月1日、記者団とのやりとりのなかで、慰安婦の強制性を認めた河野談話に関して「強制性を裏付ける証拠がなかった」と発言、韓国や米国から批判されることになった。

首相は国会においても繰り返し「資料のなかには強制連行を直接示すような記述が見当たらなかった」と主張、各方面から非難されるなか、3月26日の国会で河野談話の継承と首相としてのおわびを改めて表明した。そして、こうしたやりとりは、第3次安倍政権の今日までつづくことになる。

それでは、朝日新聞の慰安婦報道のどこが問題とされているのか、改めてポイントを五点に分けて整理する。

一点目は、朝鮮人女性を慰安婦にするために強制連行したとする吉田証言の真偽をめぐって30年もの長きにわたって決着をつけないままにしてきた（初報は1982年9月2日朝刊・大阪本社版）。

二点目は、元朝鮮人慰安婦による初めての証言を特報した記事とその続報をめぐる何点かの疑問。「従軍慰安婦」と「挺身隊」の混同もみられた（初報は1991年8月11日朝刊・大阪本社版）。

三点目は、慰安所への軍の関与を示す資料を特報した際、慰安婦問題を政治問題化するために記事の掲載時期を首相訪韓のタイミングに意図的に合わせた（初報は1992年1

月11日朝刊)。

以上三点は、記事の内容に直接かかわるものだ。念のために注釈すると、三点の記事の筆者はいずれも別人である。家族も含め、たいへんなバッシングにあっている植村隆氏は、二点目の記事の筆者である。すべての記事を植村氏が書いたと誤解している人がいる。

四点目は、上記三点の続報も含む記事によって、日本の名誉や信用が傷つけられたという指摘だ。「国賊」「売国奴」などという言葉を使って朝日叩《たた》きを繰り広げるメディアは、この見解にもとづいての批判になろう。

五点目は、慰安婦の徴募の場面での「強制性」について、当初報道は強制連行があったとする「狭義の強制性」を唱えていたにもかかわらず、河野談話に依拠する「広義の強制性」に議論をすりかえたという指摘だ。

朝日は14年8月、32年間にもおよぶ慰安婦報道の検証記事を掲載することになるが、その論点は大別すると以上の五点に集約できるのではないだろうか。

第2章　記事を取り消しながら謝罪なし
——慰安婦報道の2014年検証記事

三つもの大問題を抱えることに

第1章で朝日新聞の慰安婦報道問題を五つの論点に整理した。朝日はこれらの問題について検証し、2014年8月に特集記事を掲載した。この検証記事は、16本（後に18本に訂正）もの記事を取り消すという強いインパクトのあるもので、保守系メディアが激しく朝日バッシングを繰り広げるなか、新たな問題が浮上することになる。

吉田証言を誤報として記事を取り消しておきながら、謝罪しなかった点をジャーナリストの池上彰氏が朝日新聞の連載コラムで指摘したところ、朝日側がこのコラムの掲載を見合わせた。これが週刊誌報道によって知れるところとなり、「言論を封殺した」という激しい批判が社内外から巻き起こった。

さらに、この問題と並行するかたちで、東京電力福島第一原発所長だった吉田昌郎氏が政府の調べに答えた「聴取結果書」（吉田調書）の特報記事を誤りがあったとして取り消すことになった。

朝日新聞は短期間に三つもの大きな問題を抱えることになった。ひとつひとつが報道機関として見過ごせない致命的ともいえる問題にもかかわらず、それが三つ束になって朝日におそいかかることになったのである。誰がみても、「朝日新聞はおかしいのではないか」と思えるような状況になり、弁解の余地はなかった。

朝日危機の一幕目となる14年8月の検証記事について、この章では述べたい。

慰安婦報道の誤りを認める特集記事を掲載

朝日新聞は一連の慰安婦報道を調べ直し、２０１４年8月5日、6日朝刊と2日間にわたって特集記事「慰安婦問題を考える」を掲載、誤りがあったとして一部を取り消すと報じた。そして、この記事はまもなく経営幹部に「朝日新聞社は危機的状況にある。創刊以来、最悪の事態と言っていいかもしれない」（上席執行役員）といわしめるほどの大混乱に陥る発端となった。

5日朝刊をみてみよう。1面に取締役編集担当の「慰安婦問題の本質　直視を」と題する総論的な記事**【参考記事13】**、中面に見開き特集**【参考記事14】**がそれぞれ載せられた。

編集担当は「日韓関係はかつてないほど冷え込んでいます。混迷の色を濃くしている理由の一つが、慰安婦問題をめぐる両国の溝です」と冒頭で書いたうえで、「一部の論壇やネット上には、『慰安婦問題は朝日新聞の捏造《ねつぞう》だ』といういわれなき批判が起きています。しかも、元慰安婦の記事を書いた元朝日新聞記者が名指しで中傷される事態になっています。読者の皆様からは『本当か』『なぜ反論しない』と問い合わせが寄せられるようになりました」と、どうしていま慰安婦問題を取り上げたのかを説明した。

第2次安倍晋三政権が発足して以来、日本軍の関与を認めて謝罪した「河野談話」の見直しの動きがあったり、それに対抗して韓国側が旧日本軍慰安婦問題の「白書」を発刊する準備をはじめたりと、慰安婦問題をめぐって日韓両国の溝が深まっている。そもそもこの問題は1980年代、90年代に朝日新聞が先鞭《せんべん》をつけて報道、十分な裏付けがないままに記事にしたという経緯があった。

編集担当はそれを認め、「私たちは元慰安婦の証言や少ない資料をもとに記事を書き続けました。そうして報じた記事の一部に、事実関係の誤りがあったことがわかりました。問題の全体像がわからない段階で起きた誤りですが、裏付け取材が不十分だった点は反省します」とした。

具体的に何が「事実関係の誤り」や「裏付け取材が不十分」であったかについては、この1面記事では言及せずに、「『慰安婦問題は捏造』という主張や『元慰安婦に謝る理由はない』といった議論には決して同意できません」「戦時中、日本軍兵士らの性の相手を強いられた女性がいた事実を消すことはできません。慰安婦として自由を奪われ、女性としての尊厳を踏みにじられたことが問題の本質なのです」と述べ、「私たちはこれからも変わらない姿勢でこの問題を報じ続けていきます」と結んだ。

慰安婦問題および慰安婦報道問題の現況を説明したうえで、朝日の一部報道の誤りを認め、「これからも変わらない姿勢で報じ続ける」と決意を表明するという流れの記事だった。ただ、報道の誤りを認めたにもかかわらず、謝罪の言葉がなく、違和感が残る記事だった。こうした紙面のつくり方が、後に大問題へと発展していくことになった。

「強制連行」という言葉を使わないようにした

「慰安婦」とはそもそも何なのか。朝日新聞2014年8月5日朝刊は「戦時中、日本軍の関与の下で作られた慰安所で、将兵の性の相手を強いられた女性」とし、「政府は1993年8月に河野洋平官房長官が発表した談話（河野談話）で『当時の軍の関与の下に多数の女性の名誉と尊厳を深く傷つけた問題』と指摘した」と説明。「日本人のほか、日本の植民地だった朝鮮半島や台湾出身者も慰安婦にされた。日本軍の侵攻に伴い中国、フィリピン、ビルマ（現ミャンマー）、マレーシアなど各地で慰安所が作られ、現地女性も送り込まれた。オランダの植民地だったインドネシアでは現地女性のほか、現地在住のオランダ人も慰安婦とされた」としている。

5日朝刊の見開きの特集記事は、読者の疑問に答えるかたちで、①強制連行、②「済州島で連行」証言、③軍関与示す資料、④「挺身隊」との混同、⑤元慰安婦　初の証言――

という五点をあげ、慰安婦問題をどう伝えてきたか、検証し説明した。これらはかねてから産経や読売新聞などの保守系メディアに指摘されてきたことでもある。

五つの疑問を順にみていく。朝日新聞の特集記事に対する他紙の反応や反論については、後で取り上げ、朝日がどう説明しているのかをみる。

一つめの疑問「強制連行」については、軍や警察に有無をいわせずに連れていかれて慰安婦にさせられたといったことが、そもそもあったのかどうか。政府は「強制連行を直接裏付ける資料はない」としている。しかし、朝日新聞の報道からは強制連行があったかのように読み取れるものがあり、その有無について説明している。

記事によると、「関係省庁や米国立公文書館などで日本政府が行った調査では、朝鮮半島では軍の意思で組織的に有形力の行使が行われるといった『狭い意味の強制連行』は確認されなかった」とし、河野談話は「『強制連行』ではなく、戦場の慰安所で自由意思を奪われた『強制』性を問題とした」とする。

この河野談話の発表（93年8月4日）を受け、朝日は翌日の朝刊1面で「慰安婦『強制』認め謝罪／『総じて意に反した』」との見出しで報じた【参考記事10】。これについて、検証記事は「読売、毎日、産経の各紙は、河野談話は『強制連行』を認めたと報じたが、朝日新聞は『強制連行』を使わなかった」「93年以降、朝日新聞は強制連行という言葉をなるべく使わないようにしてきた」とした。

つまり、「自由を奪われた『強制』性があった」が、「軍の意思で組織的に行われる『狭い意味の強制連行』はなかった」という見解だ。したがって、93年以降は「強制連行」という語を使わない慎重な表現ぶりになったということである。

そして「読者のみなさまへ」と題し、「日本の植民地だった朝鮮や台湾では……軍などが組織的に人さらいのように連行した資料は見つかっていません。一方、インドネシアなど日本軍の占領下にあった地域では、軍が現地の女性を無理やり連行したことを示す資料が確認されています。共通するのは、女性たちが本人の意に反して慰安婦にされる強制性があったことです」と答えた。

朝日の慰安婦報道は、当初は強制連行があったとする「狭義の強制性」の立場で書いていたが、それを裏付ける公文書がなかったことから、河野談話を機に軌道修正をはかり、「広義の強制性」へと立場を変えた。しかし、この点を明記しない記事になっていた。

吉田証言をめぐる32年ぶりの訂正

二つめの疑問「『済州島で連行』証言」は、済州島で慰安婦を強制連行したとする吉田清治氏の証言を裏付けられず虚偽と判断し、記事を取り消すとした。吉田証言に関する報道の一報は1982年9月2日朝刊（大阪本社版）なので、32年ぶりの訂正になった。その後確認されただけで計16回（後に18回に訂正）にわたって関連記事が掲載されており、これらすべてが取り消されることになった。このときの特集のなかで吉田証言を虚偽と認めた、この部分がもっともインパクトがあったといえよう。

虚偽という結論にいたった主な根拠として、次のように列挙された。

「今年4～5月、済州島内で70代後半～90代の計約40人に話を聞いたが、強制連行したという吉田氏の記述を裏付ける証言は得られなかった」

「干し魚の製造工場から数十人の女性を連れ去ったとされる北西部の町。魚を扱う工場は村で一つしかなく、経営に携わった地元男性（故人）の息子は『作っていたのは缶詰のみ。父から女性従業員が連れ去られたという話は聞いたことがない』と語った」

「吉田氏は著書で、43年5月に西部軍の動員命令で済州島に行き、その命令書の中身を記したものが妻（故人）の日記に残っていると書いていた。しかし、今回、吉田氏の長男（64）に取材したところ、妻は日記をつけていなかったことがわかった」

「吉田氏は93年5月、吉見義明・中央大教授らと面会した際、『（強制連行した）日時や場所を変えた場合もある』と説明した上、動員命令書を写した日記の提示も拒んだといい、吉見氏は『証言としては使えないと確認するしかなかった』と指摘している」（吉見義明・川田文子編『「従軍慰安婦」をめぐる30のウソと真実』大月書店、1997年から引用）

「吉田氏はまた、強制連行したとする43年5月当時、済州島は『陸軍部隊本部』が『軍政を敷いていた』と説明していた。この点について、永井和・京都大教授（日本近現代史）は旧陸軍の資料から、済州島に陸軍の大部隊が集結するのは45年4月以降だと指摘。『記述内容は事実とは考えられない』と話した」

これらの点を踏まえて結論をだしたわけだが、初報の82年から数えて32年、97年の検証記事から17年という歳月を要したことになる。

吉田証言への疑問がなかったわけではない。産経新聞は92年4月30日朝刊で秦郁彦氏による現地調査をもとに吉田証言の疑義をただす記事を掲載、週刊誌など他メディアも同様の疑いを報じるようになった。この点について朝日の記事は「東京社会部の記者（53）は産経新聞の記事の掲載直後、デスクの指示で吉田氏に会い、裏付けのための関係者の紹介やデータ提供を要請したが拒まれたという」としている。

また97年3月31日朝刊の特集記事の取材の際にも、東京社会部記者（57）が吉田氏に面会を求めたが拒否されたとし、「虚偽ではないかという報道があることを電話で問うと『体験をそのまま書いた』と答えた。済州島でも取材し裏付けは得られなかったが、吉田氏の証言が虚偽だという確証がなかったため、『真偽は確認できない』と表記した。その後、朝日新聞は吉田氏を取り上げていない」と説明した。

97年特集記事は、結果としてグレーの状態のままにし、吉田氏や吉田証言を封印することになり、2014年特集記事で虚偽であったと認めることになった。のちに朝日新聞社長が記者会見で「遅きに失した」と認めることになる。

首相の訪韓時期を狙《ねら》った「意図的な報道」を否定

三つめの疑問「軍関与示す資料」について。朝日新聞は1992年1月11日朝刊の1面トップで慰安所への軍の関与を示す公文書がみつかったと報じた。この記事については吉田証言のような虚偽のために訂正するといったものではなく、記事の掲載時期をめぐる疑問だ。宮沢喜一首相の訪韓がこの記事の掲載から5日後の16日だったことから、「慰安婦問題を政治問題化する」ために訪韓のタイミングを狙った「意図的な報道」という指摘がある。これに対して次のように説明、「そうではありません」とした。

東京社会部記者（57）に91年12月下旬、吉見義明・中央大学教授から防衛研究所図書館で文書の存在を確認したという連絡があった。記者は手元に文書がなく、取材も足りないことから年末の記事化を見送り、年末年始の休み明け6日に吉見教授によって新たにみつけられた文書を含め、7日に図書館で「直接確認し、撮影。関係者や専門家に取材し、11日の紙面で掲載した」とする。

このように情報の詳細を知ってから5日後に記事にしており、宮沢首相の訪韓時期に合わせたものではないとした。

次項で述べるが、この1面記事のなかの「従軍慰安婦／多くは朝鮮人女性」とする用語説明メモは、「挺身隊」と「慰安婦」を混同して伝えた。また、慰安婦の数に最大「20万人」という根拠のない数字を記述し、後に大きな問題となる。

「挺身隊」と混同した理由を説明

四つめの疑問「『挺身隊』との混同」について。戦時下に労働力として動員された女性を「女子挺身隊」（女子勤労挺身隊）といい、「目的は労働力の利用であり、将兵の性の相手をさせられた慰安婦とは別だ」と、この検証記事では明確に定義している。

にもかかわらず、慰安婦問題が大きく取り上げられるようになった1991年当時、朝日は朝鮮半島出身の慰安婦について「『第2次大戦の直前から「女子挺身隊」などの名で前線に動員され、慰安所で日本軍人相手に売春させられた』（91年12月10日朝刊）、『太平洋戦争に入ると、主として朝鮮人女性を挺身隊の名で強制連行した。その人数は8万とも20万ともいわれる』（92年1月11日朝刊）」とし、両者を混同していた（後者の記事には

「強制連行」とも記されている。一つめの疑問で説明されたように「93年以降、朝日新聞は強制連行という言葉をなるべく使わないようにしてきた」としている)。

なぜ誤用したのか、というのが四つめの疑問だ。

「原因は研究の乏しさにあった。当時、慰安婦を研究する専門家はほとんどなく、歴史の掘り起こしが十分でなかった」とし、その一例として記者が参考にした「『朝鮮を知る事典』(平凡社、86年初版)は、慰安婦について『43年からは〈女子挺身隊〉の名の下に、約20万の朝鮮人女性が労務動員され、そのうち若くて未婚の5万〜7万人が慰安婦にされた』」と記述しているとした。

「朝日新聞は93年以降、両者を混同しないよう努めてきた」とした。ただ、93年時点で両者の混同に気づいたのなら、どうしてその時点で訂正しなかったのだろうか、という疑問にいきあたるが、これについての言及はなかった。

元慰安婦の証言報道での事実のねじ曲げを否定

五つめの疑問「元慰安婦　初の証言」について。この項目だけが元記者が実名で記されている。この元記者の記事を批判する他メディアがすでに実名で報じていること、本人が実名を書くことを了解したことなどによって、氏名が記されたと思われる。

元朝日新聞記者の植村隆氏は1991年8月11日朝刊（大阪本社版）で元朝鮮人慰安婦の証言を韓国メディアにも先駆けて初めて報じた。この記事への批判の論点を「①元慰安婦の裁判支援をした団体の幹部である義母から便宜を図ってもらった②元慰安婦がキーセン（妓生）学校に通っていたことを隠し、人身売買であるのに強制連行されたように書いた」――とし、主に植村氏の説明をもとに反論した。

前者の論点について植村氏は「……当時のソウル支局長からの連絡で韓国に向かった。義母からの情報提供はなかった」とし、さらに「戦後補償問題の取材を続けており、元慰安婦の取材もその一つ。義母らを利する目的で報道をしたことはない」と説明したとする。

後者の論点の「キーセン」のくだりにふれなかった点については、「キーセンだから慰安婦にされても仕方ないというわけではないと考えた」「そもそも金〔学順〕さんはだまされて慰安婦にされたと語っていた」との植村氏の言葉を紹介、植村氏以外の記者が金氏について書いた記事も「キーセンの記述は出てこない」とし、意図的な事実のねじ曲げはなかったと結論づけた。

この五つめの項目は、植村氏の説明に沿って書かれており、複数の証言や事実を突き合わせながら疑問に答えようとした前の四つの項目とは、書きぶりがやや異なるものだった。

さらに、この日の特集の末尾で「他紙の報道は」として、読売、毎日、産経新聞の慰安婦問題報道を振り返った。

虚偽の発言をした吉田清治氏についてはこれら3紙とも取り上げていたと具体的に記事を示した。また、「慰安婦」と「挺身隊」の混同についても読売と毎日新聞にみられたとし、やはり具体的にそれらの記事をあげた。

しかし、自らの誤報を訂正する紙面で、他紙も同じ間違いをしていたと書くのは、謙虚な姿勢とはとられずに、批判されることになった。後に問題となる池上彰氏のコラム「新聞ななめ読み」（2014年9月4日朝刊）においても「問題は朝日の報道の過ちです。他社を引き合いに出すのは潔くありません」と指摘された。

朝日特集記事への各紙の反応

それでは、朝日新聞のこの特集記事を受けての在京各紙の2014年8月6日朝刊での反応をみてみよう。

産経新聞は朝日よりも多くの計4面を使って報じた。社説にあたる「主張」欄では「一部の記事が虚構だったことを認めた。だが、その中身は問題のすり替えと開き直りである。これでは、日本がいわれない非難を浴びている原因の解明には結び付かない」「遅きに失したとはいえ、朝日が慰安婦問題の事実関係について検証したことは評価できよう。……だが、真偽が確認できない証言をこれまで訂正せず、虚偽の事実を独り歩きさせた罪は大きい」とした。

読売新聞も社説を含む計4面の紙幅を割いた。社説は「『吉田証言』ようやく取り消し／女子挺身隊との混同も認める」と見出しをとり、「吉田証言は、96年の国連人権委員会のクマラスワミ報告にも引用された。これが、慰安婦の強制連行があったとする誤解が、国際社会に拡大する一因となった」としていた。

一方、毎日新聞の朝刊1面トップの記事は、自民党の石破茂幹事長が「地域の平和と安定、隣国との友好や国民感情に影響を与えてきた報道だ。検証を議会の場でも行うことが必要かもしれない。真実を明らかにしなければ、この先の平和も友好も築けない」と述べ、国会での検証や報道の責任に言及した点に強く反応。「報道の自由と政治の関係」について、「安倍政権が発足してから、地方紙の報道に対して防衛省が監督権限のない日本新聞協会に申し入れをするなど、報道に対して政治が口を出す場面が目につく。／民主主義社会で、報道の自由が保障されなければならないのは言うまでもない」と解説したのは、なかなかの見識だった。慰安婦問題が政治的に利用され、日韓関係が揺れつづけてきたという背景もある。

東京新聞も3面で「報道の自由　侵害の恐れ」と見出しをとって反応。日経新聞は2社面のベタ記事であっさりと報じた。

中傷に関しては「反撃」すると宣言

朝日新聞の翌2014年8月6日朝刊は、前日と同様に見開きの特集「慰安婦問題を考える　下」を組み、右面で日韓関係がなぜここまでこじれたのかを解説。左面で現代史家の秦郁彦氏、中央大学教授の吉見義明氏、慶応大学教授の小熊英二氏に初日の検証の感想を聞き、さらに「米国からの視線」として米コロンビア大学教授（日本近現代史）のキャロル・グラック氏と米ジョージ・ワシントン大学教授（国際政治学）のマイク・モチヅキ氏の談話を掲載した。

ここで吉見氏は「問題と感じたのは、今回の紙面を読んでも、慰安婦問題の何が課題で、何をする必要があるのか、朝日新聞が考える解決策が見えてこないことだ。被害者に寄り添う姿勢が紙面からうかがえない」と指摘している。真摯《しんし》に受けとめる必要があろう。

この2日間の朝日紙面で別の側面から注目される点があった。5日朝刊（2社面）で朝日は小学館の月刊誌「SAPIO」14年9月号に掲載された記事「発掘！朝日新聞の『韓国売春宿』突撃ルポ」について抗議するとともに謝罪と訂正を求めたと報じた。ついで6日朝刊（2社面）でも朝日は光文社の写真誌「FLASH」14年8月19日・26日号に掲載の記事「『従軍慰安婦捏造《ねつぞう》』朝日新聞記者　大学教授転身がパー」について、やはり抗議するとともに謝罪と訂正を求めたとした。

これまで朝日新聞は慰安婦報道をめぐっての他紙や雑誌からの「攻撃」に対し、ほとんど反論せず、サンドバッグのように打たれつづけてきた。今回、検証記事を書いて一定の

「けじめ」をつけたことで、今後はいわれなき中傷に関しては「反撃」すると宣言したことになる。特集記事と軌を一にして掲載された、この二つの小さなベタ記事がそのメッセージであったが、池上氏のコラム掲載問題などが浮上することになり、それどころではない状況に追い込まれていくことになる。

第3章　池上コラム問題と元朝日記者へのバッシング

掲載しなかった理由が判然としない

私は毎月、最終金曜日の朝日新聞朝刊に載せられるジャーナリストの池上彰氏の連載コラム「新聞ななめ読み」を楽しみにしていた。ところが、掲載予定日の2014年8月29日朝刊にコラムがなかった。夏休みなのか、それとも体調を崩したのだろうか、そうだとすれば「おことわり」が入るはずだが、何のお知らせも説明もない。

そうこうしていると毎日、読売、産経、東京新聞が9月3日朝刊で、池上氏がコラムの連載中止を申し入れていることが分かったと報じた。朝日の慰安婦検証記事（8月5、6日両朝刊）を批判的に論じ、掲載を断られたことが原因という。池上氏は産経の取材に

「『朝日の批判でも何でも自由に書いていい』と言われていたが、掲載を拒否され、信頼関係が崩れたと感じた」と説明している。

他紙の報道によって、この事実が世に知れたのは、朝日にとって大きな痛手であった。そして、何よりも言論機関が自らの報道を批判され、その言論を封じるというのは、あってはならない致命的ともいえる判断ミスであった。

そして、さらに事態が迷走することになる。朝日は「言論の封殺」などと他メディアから批判を受けたことで、一転してコラムを9月4日朝刊で掲載することにした。これについても読売や東京新聞などが4日朝刊で報じた。

読売の4日朝刊はコラム掲載を拒否したことについて、朝日の現役記者からも批判の声があがったとし、「同社のホームページで公開しているツイッターに、『報道通りだとすれば、心が挫《くじ》けかける』（デジタル編集部の男性記者）『はらわたが煮えくりかえる思い』（社会部の男性記者）などと次々と投稿した。『「善意の批判」までを封じては言論空間が成り立たない』（特別編集委員）とする声もあった」としていた。

社員が実名でこれだけ怒るのだから、読者の怒りはさらにすごいものだろう。

約1週間遅れて9月4日朝刊に掲載された「新聞ななめ読み」を読んだ。見出しは「慰安婦報道検証／訂正、遅きに失したのでは」ととられていた。

慰安婦報道検証の不十分な点や長きにわたり曖昧にしてきた点、朝日報道の過ちにもかかわらず他紙を引き合いにだした点、謝罪の言葉がなかった点など、確かに朝日にとって耳が痛い指摘が何点にもわたって書かれていた。しかし、筋の通った指摘であり、悪意などは感じられない。このコラムを掲載しなかった理由が判然としない。

そうこうしていると、14年9月6日朝刊に東京本社報道局長による「池上彰さんの連載掲載見合わせ／読者の皆様におわびし、説明します」という記事が載せられた。「多様な言論を大切にする朝日新聞として間違った判断であり、読者の本紙に対する信頼を損なう結果になりました」とし、掲載を見合わせたきっかけとして「慰安婦問題特集を掲載して以来……関係者への人権侵害や脅迫的な行為、営業妨害的な行為などが続いていました。／こうした動きの激化を懸念するあまり、池上さんの原稿にも過剰に反応してしまいました」と説明した。

だが、こうした説明も焼け石に水で、朝日のコラム掲載拒否は、慰安婦報道の一部取り消し、吉田調書問題に次ぐ三連続の大きなダメージとなり、9月11日夜の吉田調書報道の取り消しと謝罪、慰安婦報道の誤りを謝罪する記者会見へとつながっていくことになった。

週刊誌に「国賊」「売国奴」という言葉が躍る

朝日新聞は同じ2014年9月6日朝刊の声欄に、コラム中止問題をめぐる3人の読者からの投稿を掲載した。抜粋して紹介する。

「（おわびの）言葉は平板であり、気持ちが入っていない。これは単なる『おわび』である。問題の本質が『迷惑』ではなく、朝日新聞への『信頼』であることを理解していないのだろうか」（大阪府、無職61歳男性）。

「幸い朝日記者のツイッターなどで自社批判の意見が出たことや、今回記事が掲載されたことで少し安心しました。……自社に都合の悪い記事を排除しようとした今回の問題は、記事の訂正問題に匹敵する重大な問題ではないでしょうか」（埼玉県、無職61歳男性）。

「でも池上さん、お願いがあります。どうかこれからも朝日の連載は続けて下さい。もし、今回の件で連載が中止になれば、慰安婦の問題さえなかったことにしようとする人たちに利用されるのではないかと懸念するからです」（埼玉県、71歳主婦）。

東京新聞は9月5日朝刊に「言論を大切にしたい」とする社説を掲載、「特集を読んだ多くの人たちが共通に抱く率直な気持ちだろう。当たり前とも思えるコラムの掲載を拒んだのは全く理解に苦しむ。／表現や言論の自由を守るべく最前線に立つ同じ報道機関として、一時的にしろ掲載を見合わせたのは残念だ。読者の不信を増幅させないよう善後策を期待したい」と注文をつけた。

さらに東京9月7日朝刊のコラム「週刊誌を読む」で、「創」編集長の篠田博之氏が「深刻なのは、これが一新聞社の問題にとどまらず、日本の言論界全体に影響を及ぼす可能性が高いことだ。朝日を攻撃している週刊誌には『国賊』『売国奴』などという言葉が躍っている。これらはかつて、国家の方針に従わなかった言論を封殺するのに使われた言葉だ。それが今や、ためらいもなくメディアに使われているのである」と警鐘を鳴らした。

またまた東京の記事になるが、9月19日朝刊の「本音のコラム」で元外務省主任分析官の佐藤優《まさる》氏が「一部の有識者が『朝日新聞は廃刊を！』と声高に叫んでいるが筆者は強い違和感を覚える。朝日新聞のようなリベラルな論調の新聞は、多様な見方を読者に提示する上で必要だからだ。あえて『がんばれ朝日新聞』とエールを送りたい。新聞記者の良心に従い、萎縮しないでほしい」と訴えた。

この時点では、池上氏と朝日側の話し合いが進まず、コラムの連載再開の目処《めど》はたっていなかった。池上コラム「新聞ななめ読み」は、2015年1月5日に発表した朝日の「信頼回復と再生のための行動計画」を受け、1月30日朝刊から再開されることになる。

在京紙がそろって「大学への脅迫」を批判

池上コラム問題とは違う、別の問題であるが、ここでかつて慰安婦報道にたずさわった元朝日新聞記者への執拗《しつよう》ないやがらせについて述べたい。

元朝日新聞記者（67）が教授を務める帝塚山学院大学（大阪府大阪狭山市）と、別の元記者（56）が非常勤講師をする北星学園大学（札幌市）に、それぞれ退職を要求する脅迫文が届いた。2人ともソウル特派員の経験がある。

朝日新聞2014年10月1日朝刊によると、帝塚山学院大学に9月13日に届いたものには「辞めさせなければ学生に痛い目に遭ってもらう。釘を入れたガス爆弾を爆発させる」

などと書かれており、大阪府警は威力業務妨害の容疑で調べている。人間科学部教授だった「元記者は同日付で退職した」という。元記者は、韓国・済州島で「慰安婦狩り」にかかわったとする吉田清治氏の証言についての記事を数本書いていた。

北星学園大学には5月29日と7月28日に「元記者を辞めさせなければ天誅《てんちゅう》として学生を痛めつける」「釘を混ぜたガスボンベを爆発させる」などと書かれた脅迫文が同様に届き、北海道警札幌厚別署が威力業務妨害の疑いで調べている。元記者は91年、韓国人元慰安婦の証言を他紙に先駆けて報道していた。

この元記者が前述の植村隆氏で、14年4月に神戸松蔭女子学院大学（神戸市）の教授に就任する予定だったが、「週刊文春」2月6日号に「〝慰安婦捏造〟朝日新聞記者がお嬢様女子大教授に」との記事が掲載されたことで、大学への抗議電話やメールが殺到、雇用契約が解消されることになった。しかし、元記者は同大への採用が内定したことで、朝日新聞をすでに早期退職しており、宙ぶらりんのかたちになっていた。

朝日新聞10月7日朝刊は「その後、自宅に面識のない人物から嫌がらせ電話がかかるようになった。ネットに公開していない自宅の電話番号が掲載されていた。高校生の長女の写真も実名入りでネット上にさらされた。『自殺するまで追い込むしかない』『日本から、出ていってほしい』と書き込まれた。長男の同級生が『同姓』という理由で長男と間違われ、ネット上で『売国奴のガキ』と中傷された」と伝えている。

異様としかいいようのない個人攻撃が繰り広げられた。同記事は北星学園大学に脅迫状が届いた事件を受けて「学者や弁護士、ジャーナリストらが6日、同大を支援する『負けるな北星！の会』を結成した。……呼びかけ人には元共同通信編集主幹の原寿雄さんや精神科医の香山リカさん、北海道大大学院准教授の中島岳志さんらが名を連ねる。野中広務・元自民党幹事長ら約400人が賛同している」と報じた。

慰安婦報道や吉田調書報道をめぐり混迷を深める在京紙も、このときばかりは「大学への脅迫」に対して「暴力は許されない」とする社説を相次いで掲載することになった。

朝日の慰安婦報道にもっとも強く反発する産経新聞ですら、「言論封じのテロを許すな」と題し、「朝日新聞による一連の慰安婦報道は、日本と日本人の国益や尊厳を大きく損ねたものだ。同紙の検証や謝罪が十分なものとは、到底いうことができない。／だがそのことと、暴力や威力で言論を封じようとすることは全くの別問題である」としたうえで、

「報道にかかわる、すべての者にとっての痛恨事である。／民主主義の社会において、理由のいかんを問わず、暴力や威力による卑劣な言論封じはあってはならない。正々堂々、言論でのみ、意見を戦わすべきだ」（10月2日朝刊）と指摘した。

産経と同様に朝日の慰安婦報道を批判してきた読売新聞も「言論封じを狙う卑劣な行為だ」と見出しをとり、「朝日の報道が意に沿わないからといって、脅迫行為に訴えることが許されるはずもない。言論に問題があった場合は、あくまで言論で反論していくべきだ」「言論の自由は、民主主義社会が成り立つための基本原則である。いかなる場合にも、この原則は堅持されなければならない」（10月3日朝刊）とした。

毎日新聞は「反日」「売国」「国賊」という「短絡的なレッテル貼りは、同種の事件を生む土壌になる。私たち一人一人が力を合わせて差別的な言動を締め出し、冷静な議論ができる環境を整えなければならない」（10月3日朝刊）とし、東京新聞は「『私は、あなたの意見には反対だ。だが、あなたがそれを主張する権利は命を懸けて守ろう』／十八世紀のフランスの啓蒙《けいもう》思想家ボルテールにまつわる名言を胸に刻みたい。相手の権利を守ってこそ、自分の権利も保障される。自由と民主主義の原理である」（10月3日朝刊）と主張した。

当の朝日新聞は「学生を『人質』に、気に入らない相手や、自分と異なる考えを持つ者を力ずくで排除しようとする、そんな卑劣な行いを座視するわけにはいかない。このようなことを放任していては、民主主義社会の土台が掘り崩されてしまうだろう」「朝日新聞への批判から逃げるつもりはない。しかし、暴力は許さないという思いは共にしてほしい。この社会の、ひとりひとりの自由を守るために」（10月2日朝刊）と訴えた。

産経、東京、朝日新聞の3紙が「大学への脅迫」を論じる社説で、本書「はじめに」で言及した、朝日新聞阪神支局襲撃事件にふれたのも印象的だった。

朝日は「あれから27年。ネットや雑誌には『反日』『売国奴』『国賊』などの言葉が平然と躍っている。社会はますます寛容さを失い、異なる価値観に対して攻撃的になってはいないか。／意見を述べ合い、批判し合う自由こそが社会を強く、豊かにする。戦後約70年をかけて日本が築きあげてきた、多様な言論や価値観が交錯する社会を守りたい、暴力に屈することのない社会をつくっていきたいと、改めて思う」と語りかけた。

「言論封じ」を狙う暴力が許されるわけがないのだが、日ごろ、てんでばらばらの主張をしている保守系とリベラル系メディアが足並みをそろえて論じた、10月2日と3日朝刊の社説は新鮮ともいえる紙面展開になった。

「捏造記者」とされた元朝日記者の植村氏

前項で述べたように、非常勤講師を務める大学への脅迫をはじめ、「慰安婦記事を捏造した」として激しくバッシングされている元朝日新聞記者の植村隆氏が、言論から法廷へと闘争の場を広げた。

植村氏は1958年生まれ。朝日新聞の大阪社会部で人権問題を担当した後、テヘラン、ソウル、北京特派員を経験した外報畑の記者だった。

提訴内容とそれにいたる経緯をみてみよう。同氏は2015年1月9日、名誉を傷つけられたとして東京基督教大学教授の西岡力氏と「週刊文春」を発行する文藝春秋を相手に損害賠償（計1650万円）と謝罪記事の掲載などを求める訴えを東京地裁に起こした。

植村氏は大阪社会部に所属していた91年8月、韓国の元慰安婦の証言を「元朝鮮人従軍慰安婦／戦後半世紀　重い口開く」と題した記事にし、さらに同年12月に同じ元慰安婦についての書いた「かえらぬ青春　恨の半生」を掲載した。

植村氏によると、この2本の記事に対し、先述したように文藝春秋は「週刊文春」14年2月6日号に「〝慰安婦捏造〟朝日新聞記者が……」との見出しをつけ、23年前の記事を「捏造」と決めつけた。さらに記事のなかには西岡氏の「植村氏は……強制連行があったかのように記事を書いており、捏造記事と言っても過言ではありません」というコメントが載せられており、それにも名誉を傷つけられたというものだ。

朝日新聞はこのことを1月10日朝刊3社面のトップ記事にして大きく取り上げた。西岡氏は「私が書いていることは、憲法が保障する『言論の自由』の中だと思っている。言論同士で論争すればよいと思うのに、裁判を起こされたのは残念だ」と朝日にコメントした。

ほとんどの在京紙は短信扱いの小さな記事で提訴を伝えたが、産経新聞は3面に朝日と同様に3段見出しを立てて、編集委員の記事を掲載。「言論人であるならば、こうした大規模な裁判闘争に出る前に西岡氏と堂々と論戦したり、産経新聞などの取材を受けたりして、自らの言論で白黒を決めるべきではなかったかと疑問に思う」とした。

霞が関の司法記者クラブで会見した植村氏は「私の人権、家族の人権、勤務先の安全を守る」「私は捏造記者ではありません。不当なバッシングには屈しません」と語った。

植村氏は慰安婦報道に深くかかわっている印象だが、彼が書いたまとまった慰安婦関係の記事は先にあげた、元慰安婦の金学順さんの証言をめぐる91年8月と12月に掲載した2本だけである【参考記事4、5】。にもかかわらず、執拗にバッシングされてきた。「売国奴」「国賊」という言葉が飛び交う状況を考えると、言論対言論という次元にはもはやなく、朝日新聞という組織になり代わって、個人である植村氏がスケープゴート化してバッシングされているようにみえた。

同時に自分だけでなく、家族や家族の友人ら無関係の人まで巻き込んでしまったという、つらい思いが、提訴の背景にあると植村氏は説明している。代理人には中山武敏弁護団長ら170人近い弁護士が名を連ねた。

北星学園大学も一時、植村氏を解雇する方向に傾いたが、14年9月から札幌市内の女性が「心ある大学の方たちは、日本を覆う右傾化に伴う『おかしな空気』『得体の知れない恐怖』を伴った圧力に抗して民主主義を守ると、頑張っておられます」とする応援メールを送る運動をはじめた。フェイスブックなどを通じて応援メール送付運動は全国に広がり、8月までは抗議メールが圧倒的に多かったが、9月以降は逆転し激励メールがはるかに多くなったという。

先に述べたように14年10月6日には北星学園大学を応援する市民団体「負けるな北星！の会」も発足。11月には380人の弁護士が「勝手連」的に威力業務妨害罪で札幌地検に集団刑事告発をおこなった。さらに同月25日に下村博文文部科学相が記者会見で「学問の自由が脅かされることに、負けることがないように対応を考えていただきたい」と表明した。このようなことがあり、12月17日に学長が記者会見を開き、植村氏の次年度の契約更新を発表した。

植村氏は「文藝春秋」15年1月号に「慰安婦問題『捏造記者』と呼ばれて　売国報道に反論する」と題した手記を発表、さらに「世界」2月号に「私は闘う　不当なバッシングには屈しない」とする寄稿文を掲載している。一方、提訴された西岡氏も「正論」2月号に「許せない　植村隆氏の弁明手記」とのタイトルで、反論文を寄せている。

植村氏は、「世界」の手記を次のような一文で結んだ。

「ネットによる誹謗中傷で圧殺されそうになった私だが、ネットによる人の輪で救われる道が開けてきた。……私は一人ではない」

第4章　衝撃的な吉田調書報道とその取り消し

所長命令に違反、9割が原発撤退とする特報

東京電力福島第一原発所長だった吉田昌郎氏（2013年7月9日死去）が政府の事故調査・検証委員会の調べに答えた「聴取結果書」（吉田調書）を朝日新聞が入手、その内容を2014年5月20日朝刊の1面トップでスクープした。

「所長命令に違反　原発撤退」「政府事故調の『吉田調書』入手」「福島第一　所員の9割」

との大きな見出しが躍る。

「東日本大震災4日後の11年3月15日朝、第一原発にいた所員の9割にあたる約650人が吉田氏の待機命令に違反し、10キロ南の福島第二原発へ撤退していた。その後、放射線

量は急上昇しており、事故対応が不十分になった可能性がある。東電はこの命令違反による現場離脱を3年以上伏せてきた」とするインパクトのあるものだった。

1面【参考記事16】には本記のほか、「全資料　公表すべきだ」とする解説記事を載せ、「事故対応を検証し、今後の安全対策にいかす一級の歴史的資料だ。……国は原発再稼働を急ぐ前に、政府事故調が集めた資料をすべて公表し、『福島の教訓』を安全対策や避難計画にいかすべきだろう」とした。

2面の記事【参考記事17】は主見出しを「葬られた命令違反」とし、調書をもとに当時を臨場感たっぷりに再現した。そして、「担当記者はこう見た」という別稿で、「吉田調書が残した教訓は、過酷事故のもとでは原子炉を制御する電力会社の社員が現場からいなくなる事態が十分に起こりうるということだ。その時、誰が対処するのか。当事者ではない消防や自衛隊か。特殊部隊を創設するのか。それとも米国に頼るのか」と疑問を投げかけ、「自治体は何を信用して避難計画を作れば良いのか。その問いに答えを出さないまま、原発を再稼働して良いはずはない」と見解を述べている。

朝日によると、A4判で400ページを超える、この吉田調書は「政府事故調が吉田氏を聴取した内容を一問一答方式で残した記録」で、「聴取時間は29時間16分（休憩1時間8分を含む）。11年7月22日から11月6日にかけ計13回。そのうち事故原因や初期対応を巡る聴取は11回で、事務局に出向していた検事が聴取役を務めた」。政府事故調は吉田氏以外にも関係者を聴取し、772人計1479時間の調書があり、原本は内閣官房に保管されているという。

政府は調書の全面的な公開をしないとしており、朝日新聞が入手し公表しなければ、永遠に世にでなかったかもしれない。この点において、まずたいへん価値のある特報だった。そして、吉田調書を読み込んだうえでの評価が以上のようなものであったため、社会に衝撃を与えることとなった。

産経も調書入手、朝日と逆の報道をした

このニュース掲載から約3カ月後、産経新聞も吉田調書を手に入れ、2014年8月18日の朝刊1面トップで「『全面撤退』明確に否定」「命令違反の撤退なし」との見出しにし、「所長命令に違反　原発撤退」とする朝日新聞とはほぼ逆のニュースとして報道。社説

（主張）を含む計4面を使って大展開した。

「吉田氏は……第1原発から『全面撤退』しようとしていたとする菅直人首相（当時）らの主張を強く否定し、官邸からの電話指示が混乱を招いた実態を証言している。吉田氏は一方で、現場にとどまった所員には感謝を示すなど、極限状態での手探りの事故対応の様子を生々しく語っている」と1面の前文で伝えた。

2面の社説では「『退避』と『待機』では、意味が逆だ。〔朝日新聞は〕無用な被曝《ひばく》を避けるための退避をどうして『現場離脱』と断じたのか。『暴れている』原発の冷温停止に命をかけた人々に対する冒瀆《ぼうとく》であろう」と厳しく指摘。さらに3面には「事実と異なる報道によって日本人をおとしめるという点において、先に撤回された慰安婦報道と図式がまったく同じではないか、と思う。／なぜ朝日新聞は事実を曲げてまで、日本人をおとしめたいのか、私には理解できない」とするジャーナリストの門田《かどた》隆将《りゅうしょう》氏の寄稿文を掲載し、朝日新聞を強いトーンで非難した。

それでは、朝日と産経新聞がもつ吉田調書が同じものでありながら、どうして正反対ともいえる記事の内容になるのだろうか。これは奇妙なことであると同時に、ジャーナリズムや報道そのものの信頼性を揺るがす出来事ではないだろうか。読者はどちらを信じていいのか、右往左往してしまう。

詳しく両新聞を読むと、朝日新聞は「本当は私、2F（福島第二）に行けと言っていないんですよ。福島第一の近辺で、所内にかかわらず、線量が低いようなところに1回退避して次の指示を待てと言ったつもりなんですが、2Fに着いた後、連絡をして、まずはGM〔グループマネジャー〕から帰ってきてということになったわけです」という吉田氏の証言を「所長命令に違反　原発撤退」（1面の主見出し）とする有力な論拠にしている。

産経新聞は「吉田氏は『伝言ゲーム』による指示の混乱について語ってはいるが、所員らが自身の命令に反して撤退したとの認識は示していない。／また、『退避』は指示しているものの『待機』を命じてはいない。反対に質問者が『すぐに何かをしなければいけないという人以外はとりあえず一旦』と尋ねると、吉田氏が『2F（第2原発）とか、そういうところに退避していただく』と答える場面は出てくる」とし、朝日の見方を否定した。

さらに産経は3面に吉田調書の抄録を掲載。「車を用意しておけという話をしたら、伝言した人間は運転手に福島第2に行けという指示をしたんです」「考えてみればみんな全面マスクしているわけです。何時間も退避していて死んでしまう。よく考えれば2Fに行った方がはるかに正しい」という発言に着目し、「伝わらなかった第1近辺への退避／『第2に行った方がはるかに正しい』」という見出しをとった。

朝日の記事は、不正確な伝わり方をする「伝言（ゲーム）」や「2Fに行った方がはるかに正しい」という発言についてはふれていなかった。

朝日は産経報道の翌日19日朝刊で「ジャーナリスト門田隆将氏による記事『朝日は事実曲げてまで日本人おとしめたいのか』（東京本社版）について、朝日新聞社の名誉と信用を傷つけたとして、産経新聞の小林毅・東京編集局長と門田氏に抗議書を送った」と伝えた。

朝日の報道を解せないとした読売

朝日と産経新聞との資料の「読み方」の違いについては、平行線をたどったままになるのか、とも思われたが、両紙２０１４年8月23日朝刊によると、２紙が吉田調書の内容を報じたことを受けて、政府は公開に向けた検討をはじめたという。産経は「これまで政府は……不開示方針を貫いてきた。ただ、産経、朝日両紙で報じられた内容に食い違いが多いことから、開示に踏み切らざるを得ないと判断したものとみられる」と読み解いていた。

そうこうしていると、読売新聞が新たに吉田調書を入手、14年8月30日朝刊で大きく報じた。翌31日朝刊では毎日と東京新聞が、共同通信が手に入れた吉田調書をもとに、その内容を伝えた。

朝日と産経のどちらの「読み方」が正しいのか、議論を呼ぶなかで、読売、毎日が産経と同様の見方を示したものだから、朝日にとってはそうとう分が悪くなった。東京は争点部分にはふれなかった。

8月30日朝刊で1面トップを含む計7面で大展開した読売新聞の見解をみてみよう。朝日報道とのズレについて2面に「吉田調書と食い違い」と見出しをとって言及。「朝日新聞の記事は調書のほか、東電の内部資料に基づいて構成したとしている」とし、報道は吉田氏が「本当は私、2F（福島第二）に行けと言っていないんですよ。福島第一の近辺で、所内にかかわらず、線量が低いようなところに一回退避して次の指示を待てと言ったつもりなんです」「2Fに行ってしまいましたと言うんで、しょうがないなと。2Fに着いた後、連絡をして、まず〔管理職の〕GMクラスは帰ってきてくれ、という話をした」と証言する部分に焦点をあてたものだと説明したうえで、次のように指摘した。

「問題は、次に続く吉田氏の発言だ。『よく考えれば、〔線量の低い〕2Fに行った方がはるかに正しいと思ったわけです』。吉田氏は自分の指示通りではなかったにせよ、結果的に部下たちの退避の判断が妥当だったとの認識を示している。／だが、この部分について朝日新聞は同日の紙面では触れていない」「朝日新聞は、所員が吉田氏の『待機命令に違反』して第二原発に『撤退』したとして問題視したが、調書からは吉田氏がこれを命令違反ととらえていたことは読み取れない」とした。

読売は8月30日夕刊の1社面で続報し、生前の吉田氏をよく知る福島県大熊町《おおくままち》の町議の「一部分だけを取り上げて批判するのはおかしいと思っていた。『あの時こうすべきだった』というのは結果論。〔吉田調書を〕全面公開すれば吉田氏の奮闘の全容がわかるはずだ」とするコメントを掲載した。

同紙は8月31日朝刊で社説を掲げ、「『撤退』も命令違反もなかった」とし、「退避の経緯は、政府事故調の報告書にも詳述されている。朝日新聞の報道内容は解せない」と疑問を呈するとともに、1社面では連載「点検　吉田調書　上」をスタートさせ、海外の有力メディアが朝日報道を受けて報じた内容を紹介。「『命令に反し、パニックに陥った所員は原発から逃げ出した』（米紙ニューヨーク・タイムズ）／『恥ずべき物語があらわとなった。サムライ・スピリットの手本とはほど遠く、90％の所員は命令に従わず逃げた』（英紙ザ・タイムズ）／『福島の「ヒーローたち」は実は怖くなって逃げ出していた』（豪紙オーストラリアン）」と報じた。

さらに、「とりわけ韓国メディアは辛辣《しんらつ》だった」とし、「ソウル新聞は旅客船『セウォル号』の沈没事故で船長が我先に逃げ出したことになぞらえ、『福島の事故でもセウォル号の船員たちのように……』と報道。国民日報も『日本版のセウォル号事件と注目されている』と伝えた」とした。

毎日も朝日報道に疑義

それでは毎日新聞（共同通信社電を利用）はどう報じたのか。8月31日朝刊1面トップ、2面、1社面トップと計3面で扱い、1面に「吉田調書『全面撤退』否定」と見出しをとり、「朝日新聞が今年5月、調書などを基に『所員の9割が吉田氏の待機命令に違反し撤退した』と報じたが、吉田氏は聴取に、命令違反があったとの認識は示していない」と読売と同様に朝日報道に疑問符をつけた。2面では「朝日新聞の報道は海外メディアで大きく取り上げられた」とした。

さらに毎日は9月3日朝刊の社説で「教訓のため全面公開を」と見出しをとったうえ、「吉田氏は調書の中で、第2原発退避は当初の意図とは違うが結果的に正しかった、との判断を示している。調書の一部を強調した朝日の報道が誤解を広め、冷静な議論が妨げられた可能性がある。／ただ、問題の本質は、混乱する現場で指示がうまく伝わらない場合があるということであり、ここから指揮命令系統のあり方について教訓を引き出すことこそが大事ではないだろうか」とし、「吉田調書は全体像を知るためのひとつの断片であることも忘れてはならない。大事なのは、多くの人の証言や資料を突き合わせ、実際に起きたことを細かく再現することだ」と主張した。

毎日の社説での指摘は傾聴に値する。複数の情報を突き合わせて真相を解明していくことは、原発事故対策の貴重な教訓となるだろう。政府も複数の新聞が吉田調書について報じたことで、吉田調書に加えて本人の了解を得られた調書（政府事故調で772人、聴取時間1479時間、国会事故調で1167人、900時間を超える）を公開するとしている。

朝日はくだんの5月20日朝刊の記事について、吉田調書だけにもとづいたものではないとしているが、毎日のこの社説が掲載されるまでに調書以外の論拠は示していない。朝日が慰安婦報道問題で激しいバッシングを受けるなか、産経と読売が吉田調書を相次いで入手し、朝日をさらに追いつめることになった。タイミングがあまりにいいこともあり、背後に何か政治的な動きがあったのではないか、と勘ぐる人もいたが、毎日までもが朝日報道に疑義をただし、朝日が孤立することになった。

朝日が吉田調書の記事を取り消す

朝日新聞は2014年9月11日夜、東京・築地の東京本社で緊急の記者会見を開いた。朝日の社屋に何台ものテレビ中継車が横づけにされ、約250人の報道関係者が詰めかけるなか、木村伊量《ただかず》社長は福島第一原発事故の吉田調書をめぐり、5月20日朝刊で報じた

「所員の9割が所長命令に違反して撤退した」との記事を取り消し、読者と東京電力の関係者に謝罪した。合わせて杉浦信之・取締役編集担当を解任したが、木村社長は自身の進退を明確にしなかった。

朝日新聞は9月12日朝刊でこの記者会見の模様とこれまでの経緯、識者の見方などを1面【参考記事18】（トップ扱い）、2、3面の見開き、1、2社面の見開きと計5面を費やして報じた。他紙では読売、毎日、産経新聞が1面のトップ記事にしたうえ、朝日と同様に複数面で大きく展開した。東京新聞は政府が公開した吉田氏や菅直人《かんなおと》元首相らの聴取記録（調書）をトップにし、朝日の記事取り消しは二番手扱いで伝えた。日経新聞は調書公開を準トップに、記事取り消しは1面には入れたものの3段見出しにし、あっさりと扱った。

前述したように、朝日は8月以降、社を揺るがす三つの大きな問題の対応に直面していた。一つ目は、8月5日と6日朝刊の特集でこれまでの慰安婦報道に誤りがあったとして一部を取り消したものの、検証が不十分である、訂正しただけで謝罪をしていないと批判されていた。

二つ目は、ここで述べている吉田調書問題。

三つ目は、ジャーナリストの池上彰氏による朝日紙上の連載コラム「新聞ななめ読み」が朝日報道を批判的に論じているとして、8月29日朝刊に載せる予定の原稿をいったん掲載拒否。その後、報道機関として振る舞いがおかしいと集中砲火を浴びていた。

池上氏のコラム掲載拒否問題は9月初めに表面化しており、わずか1カ月という短期間に立てつづけに三つもの大問題が浮上したことになる。さらに、記者会見を開いた9月11日は、政府が福島第一原発事故に関して関係者から当時の状況を聞いた調書のうち、吉田氏ら19人分を公開した日でもあった。これ以上は先送りできない、追いつめられたなかでの記者会見であったといえる。

会見冒頭の木村社長の言葉は、吉田調書報道の取り消しに約3分の2の時間を費やして説明と謝罪をし、残りを慰安婦報道にあて、吉田清治氏に関する誤った記事を掲載したことと、その訂正が遅きに失したことについて読者におわびした。池上コラム問題については、質疑がはじまり質問されるまでふれなかった。これは9月6日朝刊で東京本社報道局長が読者に説明し、おわびしていることから、会見冒頭での社長の言葉からは割愛したと考えられるが、「言論を封殺した」という朝日のダメージには計り知れないものがあった。

この記者会見の主題とし、全面的に取り消した吉田調書の朝日報道と、産経をはじめとする他紙の「読み方」がどうしてこれほども違ったものになったのだろうか。

朝日報道は「本当は私、2F（福島第二）に行けと言っていないんですよ。福島第一の近辺で、所内にかかわらず、線量が低いようなところに1回退避して次の指示を待てと言ったつもりなんですが、2Fに着いた後、連絡をして、まずはGM〔グループマネジャー〕から帰ってきてということになったわけです」という吉田氏の言葉を有力な論拠にし、「所長命令に違反　原発撤退」（朝日5月20日朝刊1面の主見出し）とした。しかし、産経が8月18日朝刊で指摘するように、不正確な伝わり方をする「伝言（ゲーム）」や「2Fに行った方がはるかに正しい」という吉田発言についてはふれていなかった。

つまり、朝日報道は自らの主張に都合のよい部分をフレームアップし、都合の悪い部分には記事でひと言も言及していなかったといえる。

さらに、「第一原発にいた所員の9割にあたる約650人が吉田氏の待機命令に違反し……」（朝日5月20日朝刊）と記事に書きながら、この所員らを取材し、反論する機会を与えていなかったことが、記者会見で明らかになった。これは公正な取材・報道とはいえない。650人すべてを取材しろとはいわないが、相当数の当事者たちから裏付け取材をするのは、基本中の基本である。

多様な見方を紹介

吉田調書報道の取り消しを伝える各紙の記事のなかで、合わせて多くの識者らのコメントが掲載された。印象に残ったものを紹介する。

元共同通信論説副委員長の藤田博司氏（2014年10月死去）は「吉田調書や慰安婦報道には、共通点がある。それはジャーナリズムの基本原則である『公正さ』を失っていることだ」「今回の一件は、朝日新聞がその原則を実践できていなかったがための過ちだと思う。大事なことを付け加えておけば、これは朝日だけの問題ではない」（朝日9月12日朝刊3面）と述べた。「『公正さ』を失っていることだ」という指摘は、まさに本質に迫っているのではないか。取材・報道をするにあたり、「公正さ」を担保することは、ジャーナリズムにとってもっとも重要なことの一つである。

青山学院大学の大石泰彦教授（ジャーナリズム倫理）の「メディア自身が自浄能力を示すことが最も大切。第三者機関に検証を依頼することも有効だが、第三者に丸投げして説明回避のための理由にしてはならない」（産経9月13日朝刊3面）との指摘にも謙虚に耳を傾けるべきであろう。

東電株主代表訴訟原告団の木村結事務局長の「記事は取り消されたが、朝日の報道によって、政府が隠していた吉田調書が公開されたという意味は大きい。朝日が日本人の名誉を傷つけた、と批判が集中したのは異様な状況で、多様な言論が封じられた戦前に似ていると感じる」（東京9月12日朝刊2社面）という談話も目を引いた。

こうした木村事務局長の懸念は多くの人が抱いていることではないだろうか。これに応《こた》えるものとして毎日新聞編集編成局の小川一局長は「今回、多くのメディアが過剰な朝日批判を繰り広げた。感情的な、あるいは利害関係から行う批判は、報道機関の信用毀損《きそん》を拡散し、報道機関全体の信頼を失わせることになる。／今、私たちに求められるのは、朝日報道から多くの教訓をくみ取り、メディアとして自らを鍛え続けることだ」（毎日9月12日朝刊1面）とした。

「報道機関全体の信頼を失わせることになる」という小川氏の冷静な見方に、私は正直いって励まされた。多くの朝日新聞の関係者も、同様の思いをもったのではないだろうか。

朝日は抗議撤回し、おわびすることに

先述したように朝日新聞はジャーナリストの門田隆将氏の記事に対して、産経新聞編集局長と門田氏に抗議書を送った。記事を取り消したので、とうぜんこの抗議も取り消さなければならないことになる。

門田氏は「週刊新潮」のデスクや副部長を務めた後、フリーランスになり、吉田元所長に単独インタビューして著書にまとめるなど福島原発事故を取材してきた人物だ。同氏は朝日新聞の「所長命令に違反　原発撤退／政府事故調の『吉田調書』入手」とするスクープから約10日後の2014年5月31日に自身のブログで「意図的に捻じ曲げられた」報道で「〈所員たちを〉貶める内容の記事」と批判した。

「週刊ポスト」6月20日号（6月9日発売）では「朝日新聞『吉田調書』スクープは従軍慰安婦虚報と同じだ」「韓国メディアは日本版『セウォル号事件』と報道」との見出しで、

門田氏の投稿による特集記事を、写真週刊誌「FLASH」6月24日号（6月10日発売）は門田氏の見解を中心に「『東電フクシマ所員　9割逃亡』　朝日新聞1面スクープのウソ」と題する特集記事を掲載している。

くだんの産経の記事は8月18日朝刊の「朝日は事実曲げてまで日本人おとしめたいのか」と題する門田氏の寄稿で、「最後まで1Fに残った人を『フクシマ・フィフティーズ』と称して評価していた外国メディアも、今では、所長命令に違反して所員が逃げてしまった結果にすぎない、という評価に変わってしまった。／事実と異なる報道によって日本人をおとしめるという点において、先に撤回された慰安婦報道と図式がまったく同じではないか、と思う」と指摘した。

朝日は6月、上記の週刊誌2誌に対し、広報部長名で訂正と謝罪記事の掲載を求め、「誠実な対応をとらない場合は、法的措置をとることも検討します」との抗議書を送付し、朝日新聞紙上でそのことを伝える記事を載せている。産経と門田氏に対しては8月に同趣旨の抗議書を送り、同様に記事で伝えた。

門田氏と朝日新聞との吉田調書をめぐるやりとりについては、同氏の著書『「吉田調書」

を読み解く――朝日誤報事件と現場の真実』（ＰＨＰ研究所、２０１４年）に詳しい。同書によると、産経に送られてきた抗議書には「法的措置を検討する」という文言は入っていなかったという。

６月の時点では、朝日は場合によれば法廷の場で争うとまでいっており、記事の内容に自信があったと推測できる。しかし、８月の産経新聞への抗議書にはその文言は入っておらず、記事への疑問が朝日内部でも浮上してきたということか。

報道機関として該当記事の掲載直後の抗議書の段階で、「法的措置を検討する」という文言を入れることの是非は、別途問われる必要があるかもしれないが、誤報であったと認めた以上は、抗議書に対する後始末もしなければならない。

朝日新聞は９月13日朝刊の１面に「吉田調書報道巡り抗議撤回しおわび／本社、作家・雑誌・新聞社に」との見出しの記事を載せた。さらに４面で吉田調書と慰安婦に関する吉田証言についての両関連記事の取り消しをめぐり、「閣僚ら政界からは批判の声が相次いだ」と報じた。

たとえば、岸田文雄外相は慰安婦報道について「一部報道機関の報道がこれまで国の内外において大きな反響を呼んできたことは否定できない。報道機関として自覚と責任の下に常に検証を行うことは大切だ」とし、誤報による国内外への悪影響を問題視した。

結いの党（当時）の小野次郎幹事長は「震災報道を見ていて感じるのは、人の気を引くように強引に記事を作り上げた感じがする。その結果ああした誤報につながったと思う。単に撤回、謝罪でなく、今まで誤ったイメージを与えた分、是正する措置を丁寧にとっていくべきだ」といい、都合のいいようにフレームアップした点を指摘した。

次世代の党は山田宏幹事長（当時）名で「朝日新聞の慰安婦報道によって被った我が国の大きな国益の損失を鑑みれば、木村（伊量）社長の国会への参考人招致の必要性はさらに高まった」とする談話を発表した。「はじめに」で述べたように、記事にかかわる問題で報道機関のトップを国会に参考人招致するという発想は、民主主義の根幹を揺るがすものである。

朝日は同日紙面で「論じることの原点を心に刻んで」と題する大型社説を掲げ、一番重く受けとめなければならない点として「自分たちの主張に都合の良いように事実を集めたのではないのか」という指摘をあげた。

そして、「論を紡ぐ過程で、主張への反証となる事実への謙虚な姿勢を失えば、それは空論や暴論となります」とし、「異論に紙面を開く姿勢」を大切にしてきた。しかし、池上氏のコラム掲載見合わせは、この異論を含めた多様な意見を掲載するという「自分たちが一番大切にしていた価値を損ねる結果になりました」と振り返った。

吉田証言については、1997年に一度検証しながら「虚偽だと断定し記事を取り消せなかったのは、反証となる事実や異論への謙虚さが欠けていたからではないかと自問せずにはいられません」とした。吉田調書の誤報については、「再び議論の核心をゆがめかねない同じ過ちを繰り返してしまいました」とし、「原発問題という大切な議論をしなければいけない言論空間に、『朝日の原発報道問題』というもう一つの問題を作ってしまったからです」と述べた。

朝日新聞の吉田調書報道の記事取り消しという判断は妥当だったのか。朝日は同社の第三者機関である「報道と人権委員会（PRC）」に審理を申し立てた。次章では、PRCの見解や専門家の見方をもとに、記事取り消しを決めた経緯やその妥当性について考えたい。

第5章　「重大な誤り」
――吉田調書報道への見解

吉田調書報道を第三者機関が審理

朝日新聞社は慰安婦をめぐる吉田清治氏の虚偽証言を報じた記事を取り消しながら、謝罪の言葉がなかったと痛烈に批判された。これは当を得た指摘であり、どこかで謝罪する必要があった。

この機会は奇《く》しくも「所長命令に違反　原発撤退」とした吉田調書報道の記事を取り消すタイミングに合わせてやってきた。前章で述べたように、朝日の木村伊量社長（当時）は2014年9月11日に記者会見を開くことを決断、そこで吉田調書報道の記事取り消しと謝罪、合わせて吉田証言の記事取り消しの謝罪をすることになった。慰安婦報道の検証記事が掲載されたのが8月5、6日だったので、約1カ月後の謝罪の機会となったわけだ。

記者会見での順番と時間の配分からみれば、吉田調書に関する謝罪が主で、吉田証言をめぐる謝罪が従というかたちになったが、木村社長は「吉田〔清治〕氏に関する誤った記事を掲載したこと、そしてその訂正が遅きに失したことについて読者のみなさまにおわびいたします」と謝罪した。

そして、三つの委員会でこれまでの報道の新たな検証と今後の改革に取り組むと発表。福島原発事故をめぐる吉田調書報道については、朝日新聞社の第三者機関である「報道と人権委員会（PRC）」に審理を申し立てた。慰安婦報道については、社外の弁護士や歴史学者、ジャーナリストら有識者に依頼して第三者委員会を新たに立ち上げ、朝日の慰安婦報道とその報道が日韓関係をはじめ国際社会に与えた影響などについての徹底的な検証を委嘱する。さらに、新しい取締役編集担当を中心に「信頼回復と再生のための委員会」を早急に立ち上げ、ゼロから再スタートを切る決意で取り組んでいくとした。

本章では朝日に対し、きわめて厳しい判断を下したPRCの見解を考える。

PRCが「重大な誤り」との見解

朝日新聞が2014年5月20日朝刊で報じた「吉田調書」をめぐる記事【参考記事16、17】について、同社の第三者機関「報道と人権委員会（PRC）」が見解をまとめた。「『福島原発事故・吉田調書』報道に関する見解」と題されたもので、A4判21ページにおよぶ。その内容は11月12日午後に発表され、在京紙は13日朝刊でいっせいに伝えた。

朝日は1面カタに「『公正で正確な姿勢に欠けた』／記事取り消し『妥当』」との見出しの本記、2面に取締役編集担当の「報道の原点に立ち返ります」とする記事を置いたうえ、5面にわたる特設紙面をつくって見解全文などを載せた。

見解は朝日に対し、たいへん厳しいものだった。

PRCは「報道内容には……重大な誤りがあった」「読者に公正で正確な情報を提供する使命にもとる」「危機感がないまま、適切迅速に対応しなかった」ことで、「結果的に記事の取消しに至り、朝日新聞社は社外の信頼を失う結果になった」と結論づけた。記事を取り消したことは「妥当」と判断した。

「報道内容に重大な誤り」とするのは、以下のような点だ。

第1に、「所長命令に違反　原発撤退／福島第一　所員の9割」との見出しにした1面記事は、所長命令に違反して所員の9割が撤退したとの部分を根幹としているが、「所長命令に違反」したと評価できるような事実は存在しない。裏付け取材もなされていない。「第2に、『撤退』という言葉が通常意味するところの行動もない。『命令違反』に『撤退』を重ねた見出しは、否定的印象を強めている。

第3に、吉田調書にある『伝言ゲーム』などの吉田氏の発言部分や『よく考えれば2F（福島第2原発）に行った方がはるかに正しいと思った』という発言部分は掲載すべきであったのに割愛されており、読者に公正で正確な情報を提供する使命にもとる。

第4に、2面記事にも問題がある。『葬られた命令違反』の見出しの下における吉田氏の判断（『福島第1の近辺で、所内に関わらず、線量の低いようなところに1回退避して次の指示を待て』という指示の前提となった判断）に関するストーリー仕立ての記述は、取材記者の推測にすぎず、吉田氏が調書で述べている内容と相違している」（第2〜第4は、「見解」から直接引用）。

さらにPRCは取材過程や報道前後の対応も検証。「秘密保護を優先するあまり、吉田調書を読み込んだのが直前まで2人の取材記者にとどまっており、編集部門内でもその内容は共有」されなかったとした。また「組み込み日前日から当日にかけて、記事を出稿した特別報道部内や東京本社の他部、東京本社内の見出しを付ける編集センター、校閲センター、大阪本社から、見出しや前文等に対し疑問がいくつも出されていたのに、修正されなかった」と問題点をあげた。

そして、「基本的には、読者の視点への想像力と、公正で正確な報道を目指す姿勢に欠ける点があった。……ジャーナリズムに携わる組織の在り方についての検討が必要である」との見方を示し、さらに最後にとして「これまで調査報道で優れた成果を上げてきた本件取材チーム〔特別報道部〕には過信があり、謙虚さを欠いたことは疑いない。また、本件取材チームに対する過度の信頼があり、そのことが、相互批判が醸成されない一因となった」と付け加えた。

聴取結果書を一切公開しないという状況下で、「吉田調書を入手し、その内容を記事とし、政府に公開を迫るという報道は高く評価できる」とPRCは見解の前段で述べているが、これだけ誤りがある報道をし、関係者を傷つけたり迷惑をかけたりしたことを考えると、朝日に弁解の余地があるのだろうか。

朝日の取締役編集担当は「この『見解』を真摯《しんし》に受け止めるとともに、東京電力福島第一原子力発電所の方々をはじめ、みなさまに改めて深くおわび申し上げます」と記事に書いており、ＰＲＣの見解を全面的に受け入れたと考えていいだろう。

それでは、他紙の報道ぶりをみる。

読売新聞は11月13日朝刊の1面カタ、1社、2社面見開き、社説、特設面と大きく展開。「吉田調書を素直に読めば、所員は、命令違反も、現場放棄の撤退もしていないことは明らかだ。第三者委の評価は妥当である」「取材チームへの過度の信頼も背景にあるという第三者委の指摘は、うなずける」と社説に書き、1社面の解説記事で「朝日は取材源秘匿を優先して調書内容を社内で共有していなかった。……取材源秘匿をはき違え、それを容認した責任は重いと言える」と批判した。

産経新聞は1面と2社面で報じ、「なぜ記者が事実に反する『ストーリー（物語）』を仕立てたのか、調査ではその理由や経緯が十分に明らかになっていない」（2社面）とし、さらに翌11月14日朝刊の社説（主張）においても「朝日の第三者委／『なぜ』の視点が足りない」と見出しをとり、次のように指摘した。

「『〈取材記者への〉過度の信頼』だけが理由なのか。『反原発』という同紙の主張にもってこいの記事だとして、評価の甘さはなかったか」「結論ありきで情報を取捨選択すれば、思い通りの物語ができあがる。陥りやすく、本紙も自戒すべき罠《わな》だといえる」

毎日、東京、日経新聞は社会面で事実関係を報じるにとどめ、論評はしなかった。

特報を一気に取り消した判断への疑問――青木氏の主張

ＰＲＣの記事の取り消しを「妥当」とする見解に対し、海渡《かいど》雄一氏ら弁護士４人が２０１４年11月17日、東京都内で記者会見を開き、「ＰＲＣの見解には重大な疑問があり、記事の取り消しは行き過ぎだ」と反論した。

朝日新聞11月18日朝刊によると、「弁護士４人は、脱原発弁護団全国連絡会共同代表の海渡氏と河合弘之氏ら」で、「『多くの所員が第二原発に移動したことは、指示命令に明らかに反している』などと主張。『ＰＲＣの見解は事実と推測を混同している。調査報道にある記者を著しく萎縮させる』と述べた」としている。

ＰＲＣの見解とは違った見方をしている、いくつかの論考が雑誌などに掲載されている。その代表的なものをみてみる。

ジャーナリストの青木理《おさむ》氏は、朝日新聞が発行するメディア研究誌「Journalism」14年12月号で、「いわゆる吉田調書をめぐる5月20日付朝刊の特報を『取り消す』としてしまった判断は、果たして適切だったのか。……ひょっとすると日本のメディア史に重大な禍根を残すミスになりかねない、と私は憂いている」と指摘した。

青木氏は元共同通信の記者で、東京社会部で公安を担当し、ソウル特派員を4年間務め06年に退社、フリーランスに。主な著書に『日本の公安警察』『トラオ　徳田虎雄　不随の病院王』『増補版　国策捜査　暴走する特捜検察と餌食にされた人たち』などがある。組織ジャーナリストとしてもフリーランスとしても豊富な取材経験がある。

青木氏の主張は大別すれば二点ある。

その一点目は、「所長命令に違反　原発撤退」という特報の主見出しと前文には違和感を覚えたとし、「誤解を与えかねない面があったことは否めない」とする。しかし、「記事の取り消しという判断にはさらに強い疑問を抱く」とし、その理由を次のように述べた。

「過去の朝日の代表的な誤報を振りかえれば、古くは伊藤律の架空会見記（1950年）にせよ、あるいはサンゴ事件（1989年）にせよ、いずれも記事のもととなった事実そのものが虚偽、または捏造だったのだから、記事の取り消しは当然だろう。……だが、吉田調書の報道はまったく位相が異なる。調書そのものは間違いなく『あった』。その調書はまた、報道すべき十分な価値と意味を持つものだった。……それを朝日記者は見事に入手し、紙面化した。……仮に『調書を読み解く過程での評価の誤り』があったなら、それはあくまでも訂正や修正で応じるべきものだろう。なのに記事を取り消し、過去の虚報、捏造記事と同類の扱いにまでしてしまったのは、あまりに拙速ではなかったか」

吉田調書という価値ある資料は実際に存在しており、虚報や捏造のたぐいの記事ではなく「評価の誤り」があったなら、訂正や修正でよかったのではないか、という指摘だ。

二点目は後につづく記者たちの精神的な面に目を向けた。「政府や権力者が隠している重大な事実を暴き、広く伝えるのもメディアとジャーナリズムの重要な役割であり、そうした報道にあたった者たちが、たとえ記事化する過程で『評価を誤った』としても、過去の虚報や捏造記事と同じ扱いにまでおとしめられてしまうのは、同様の取材・報道を試みようと熱意を傾ける者たちの気勢を削ぎ、行く手を阻みかねない」とした。

二点目は、「特報を一気に取り消してしまう」という前例をつくったことで、同様の調査報道に取り組む記者たちが萎縮したり自粛したりするのではないか、とする指摘である。二点の主張はいずれも特報を一気に取り消し、「過去の虚報や捏造記事と同じ扱い」にした点を問題としている。この点については後に詳細に考えたい。

記事を取り消す必要はなかった――魚住氏の主張

ジャーナリストの魚住昭氏は、青木氏と同様に「Journalism」２０１４年12月号に「『報道に重大な誤り』ＰＲＣの結論に疑問　記者から活躍の場を奪わないでほしい」と題する論考を寄せた。先の青木氏の指摘とはまた違った角度からの疑問なので、紹介したい。

魚住氏は共同通信社で司法記者として東京地検特捜部、リクルート事件を取材した後、退職しフリーランスに。著書に『渡邉恒雄　メディアと権力』『野中広務　差別と権力』などがあるベテランのジャーナリストだ。

魚住氏は朝日新聞が記事を取り消したことを「妥当」と結論づけたＰＲＣの見解に対し、「この結論に私は疑問がある」とする。ここでは魚住氏が論考のなかで指摘する吉田所長発言の評価の仕方に焦点をあてたい。大きく分けて三点をあげて異論を唱えている。

その一点目として吉田所長と事故調の次のやりとりに着目する。

吉田所長〈①〉「本当は私、２Ｆに行けと言っていないんですよ。ここがまた伝言ゲームのあれのところで、行くとしたら２Ｆかという話をやっていて、退避をして、車を用意してという話をしたら、伝言した人間は、運転手に、福島第二に行けという指示をしたんです。私は、福島第一の近辺で、所内に関わらず、線量の低いようなところに一回退避して次の指示を待てと言ったつもりなんですが、２Ｆに行ってしまいましたと言うんで、しようがないなと。２Ｆに着いた後、連絡をして、まずＧＭクラスは帰ってきてくれという話をして、まずはＧＭから帰ってきてということになったわけです」

事故調「そうなんですか。そうすると、所長の頭の中では、１Ｆ周辺の線量の低いところで、例えば、バスならバスの中で」

吉田所長〔②〕「今、２号機があって、２号機が一番危ないわけですね。放射能というか、放射線量。免震重要棟はその近くですから、ここから外れて、南側でも北側でも、線量が落ち着いているところで一回退避してくれというつもりで言ったんですが、確かに考えてみれば、みんな全面マスクしているわけです。それで何時間も退避していて、死んでしまうよねとなって、よく考えれば２Ｆに行った方がはるかに正しいと思ったわけです」

　これらの吉田所長の証言には「しようがないな」「（いう）つもり」という重要な言葉が二つあるとする。

　吉田所長〔①〕にある「しようがないな」という意味について、魚住氏は「これに《ママ》は明らかに彼の失望もしくは落胆の表明である。つまり、10キロも離れた２Ｆに行ってしまうと、すぐに戻ってこれない、困ったなという気持ちが読み取れる」とし、さらに「その流れで、続く吉田所長の言葉『２Ｆに着いた後、連絡をして、まずＧＭクラスは帰ってきて』を読むと、吉田所長は１Ｆにのこっている所員69人だけでは人手が大幅に足りないと判断して、２Ｆに退避した人間、なかでもＧＭクラスをあまり時間を置かずに呼び返していることがわかる」とする。

吉田所長〔②〕にある「〔いう〕つもり」について、魚住氏は「この答え〔証言〕の前段を読むと、吉田所長は2号機に近い免震重要棟から離れて、『南側でも北側でも、線量が落ち着いているところ』に一時退避せよという『つもり』で指示したことがわかる」とし、「つまり彼は少なくともこの時点では、このまま免震重要棟にいるよりは構内のどこか、もしくは近辺に比較的安全な場所があると考えていたことがわかる。／さらに事故調の『例えば、バスならバスの中で』という問いかけを否定していないところをみると、バスの中で一時待機しながらいつでも移動できる態勢をイメージしていたのではないかという推測が成り立つ」と説明した。

二点目は、吉田所長〔②〕にある「よく考えれば2Fに行った方がはるかに正しいと思ったわけです」をどう解釈するかが最大の問題と指摘した。この一文は朝日の記事に入っておらず、「意図的に書かなかったのではないか」などと批判されている部分でもある。

魚住氏は次のように読み解いた。

「どの時点で『2Fに行った方がはるかに正しい』と吉田所長は思ったのだろうか。私の考えでは可能性は三つあると思う」とし、「①所員らが2Fに行ってしまったと知った直後②しばらく時間がたって、自らの『指示』を冷静に振り返ることができるようになってから③自らの指示した場所とは違う2Fに退避した所員（おそらくはGM）が事故調に話した内容をどこかで耳にしてから。／①②③のどの可能性もある。しかし、中でも可能性が大なのは③だと思う。なぜなら最初に事故調が2Fに退避した所員から事情聴取したと語っているからだ。吉田所長はそれを受ける形で質問に答えているように私には読める。もっと言えば、その所員らの言い分を頭に浮かべながら事故調の問いに答えているのではないだろうか。／だとすれば、『2Fに行った方がはるかに正しい』というのは事故当時の彼の認識ではなく、部下たちの行動を擁護するために彼が後でくっつけた理由ではないかという解釈が成り立つ」

上記のように考えたら、この証言部分は重要視する必要はないというのが魚住氏の考え方だ。

三点目は吉田所長〔①〕にある「私は、福島第一の近辺で、所内に関わらず、線量の低いようなところに一回退避して次の指示を待てと言ったつもり」という発言の意味に言及し、「これだけを読むと、実際に吉田所長がそう言ったのかどうかははっきりしない。／しかし、東電側の内部資料と照らし合わせると事実関係がはっきりする」とし、次のように説明した。

東電柏崎刈羽原発の所員がテレビ会議をみながら記録した時系列メモのなかに、「構内の線量の低いエリアで退避すること」（15日午前6時42分の欄）という吉田所長の発言がある。そして同日午前8時35分の東電本店の記者会見で「一時的に福島第一原子力発電所の安全な場所などへ移動開始しました」との発表があった。

これらを突き合わせると「吉田所長は『言ったつもり』ではなく、テレビ会議の席上で『構内（もしくは1F近辺）の線量の低いエリアで退避すること』とはっきりと言ったと考えて間違いない。／そして、そのテレビ会議の映像（なぜか音声がない）にはGMも何人か映っている」とし、「とすると、約650人の所員の2Fへの退避は結果的に吉田所長の指示に反したものだったことは疑いようがない。記者たちが書いた記事の骨格部分は間違っていない。それを裏付ける事実もちゃんと押さえてある」とした。

主に以上の三点が魚住氏のPRCの見解への反論だ。ただ、「当時の1Fの混乱した状況では『伝言ゲーム』(「吉田調書」)で所長指示だと思い込んで2Fに行った所員も大勢いただろう。あるいは逆に、所長指示に反していると知りながら2Fに退避した所員もいたかもしれない。真相は不明と言わざるを得ない」とし、「だから『命令違反』という見出しの語句はニュアンスがきつすぎる。何も知らずに2Fに退避した所員の心情を考えて、表現を『結果的に所長指示に反して退避』ぐらいに変えていれば、何の問題もなかったのではないだろうか」と結論づけている。

つまり、魚住氏の主張は「命令違反」という語句に問題があるので、「所長指示だと思って2Fに退避した所員らには、見出しなどの語句を訂正したうえで『お詫び』の意を表明すれば、それで済んだはずだ」というものである。

ジャーナリズムの鉄則が守られなかった

それでは、魚住氏と青木氏の指摘をもとに吉田調書報道について、ここでは①吉田発言を評価するにあたり、十分な裏付け取材がおこなわれていたのか、②記事取り消しは必要だったのか——について考えたい。

①についてPRCは「『所長命令に違反』したと評価できるような事実は存在しない。裏付け取材もなされていない」としている。これについては、2014年9月11日の朝日の記者会見において、命令違反をして撤退したとした650人の誰にも裏付け取材をしていなかったと杉浦信之・取締役編集担当が認めている。そのとき、「評価の誤り」でなく、「事実の誤り」とまでいい切っている。

本書「はじめに」で述べたジャーナリズムの鉄則である「事実」の裏付けが十分になされず、その事実がどのような「社会的な文脈」から派生しているのかという点も追求されていないといえる。別言すれば、「社会的な文脈」を与えられなかったということは、「評価」を誤ったということであろう。

また、「反論権」を与えるという鉄則も完全に抜け落ちていた。650人のうち相当数の所員らに取材をしていたら、魚住氏がいうように「所長指示だと思い込んで2Fに行った所員も大勢いた」ことが分かり、「所長命令に違反」とはいえないという結論に達したのではないか。

いずれにしろ、所員らに反論の機会を与えていない以上、その記事は未完成品とせざるをえない。

次に②の記事取り消しは必要だったか、という点については、PRCは「妥当」としている。青木氏は伊藤律の架空会見記やサンゴ事件のような「記事のもととなった事実そのものが虚偽、または捏造だった」のなら取り消しはとうぜんだが、「調書そのものは間違いなく『あった』」ので、「訂正や修正で応じるべきものだろう」という見解だ。

魚住氏も記事取り消しには異論を唱えている。「所長指示だと思って2Fに退避した所員らには、見出しなどの語句を訂正したうえで『お詫び』の意を表明すれば、それで済んだはずだ」としている。

このように青木、魚住両氏は取り消す必要はないが、訂正やおわびは必要としており、この記事が誤っていないという立場には立っていない。

両氏がいうように、ていねいに訂正し、謝罪をすれば、あるいはそれですんだかもしれない。しかし、30年以上にわたり問題を抱えつづけた慰安婦報道を一部取り消し、たいへんなバッシングを受けるなかで、それと同じように曖昧にすると慰安婦報道と同じ轍《てつ》を踏むことになるかもしれない。吉田調書報道も慰安婦報道のように何十年にもわたり朝日の喉元《のどもと》にトゲのように刺さりつづけるのではないか。このように朝日幹部が考えたのは想像に難くない。

私自身は青木、魚住両氏と同様に、記事を全面取り消しにすると、吉田調書を入手し、初公開したという紛れもない事実までも取り消すことになると考えている。すべてをなかったことにするという判断は、きわめて厳しいものだ。慰安婦問題と連動するかたちでこの吉田調書問題が浮上していなかったなら、朝日は訂正という方法を選んだかもしれない。直近にあった慰安婦報道の取り消しが、吉田調書報道の取り消しを誘発したと考えるのが自然なように思えるからだ。歴史認識にからむ慰安婦問題と、国策として推し進められた原発問題は、いずれもそれ自体が政治問題化され、国論を二分するきわめて根深いものであり、その点で共通項は多い。この二つの問題を同時に抱え込んだ朝日新聞の苦渋の決断だったように思える。

しかし、ジャーナリズムの鉄則である「事実」の確認が不十分で、その事実に的確な「社会的な文脈」も与えず、被取材者に対して「反論権」も行使させなかった、という本質的な誤りがあったことも事実である。

第6章　「読者の信頼を裏切るもの」
――慰安婦報道への報告書

「読者より組織防衛」に走ったと毎日が指摘

朝日新聞社による慰安婦報道を検証する第三者委員会（中込秀樹委員長、委員6人）は2014年12月22日、東京・港区のホテルで記者会見を開き、報告書を公表した。

第三者委員会の報告書は、朝鮮人女性を強制連行したとする「吉田証言」の誤報を長年にわたり放置し、取り消しなどの対応が遅れたことを「読者の信頼を裏切るもの」と厳しく批判した。

報告書はA4判110ページにおよぶ大部のものだ。報告事項は大別すれば、「朝日新聞社の『吉田証言』などの慰安婦報道」「1997年の特集記事と2014年の検証記事」「池上彰氏のコラム掲載見送り」「朝日新聞社の報道が国際社会に与えた影響」「朝日新聞社の問題点と提言」の五点からなる。

第三者委員会のメンバーを紹介すると――。委員長の中込氏は元名古屋高裁長官で、弁護士。委員は五十音順で、岡本行夫氏（外交評論家）、北岡伸一氏（国際大学学長）、田原総一朗氏（ジャーナリスト）、波多野澄雄氏（筑波大学名誉教授）、林香里氏（東京大学大学院情報学環教授）、保阪正康氏（ノンフィクション作家）の6人で構成された。

女性の人権問題が深くかかわる委員会で、委員長を含む7人の委員のうち女性が1人しかいない、慰安婦問題の専門家が含まれていないなど、社内外から人選にいくつかの疑問が呈された。朝日は委員長がなぜ中込氏なのか、なぜこのような陣容にしたのかについては明確に説明していない。この点については今後、検証される必要があろう。

木村伊量前社長（14年11月14日臨時取締役会で辞任）がこれらのメンバーに朝日の慰安婦報道に関しての調査・提言を委嘱し、14年10月9日に第三者委員会が設置された。10月10日から12月12日の約2カ月間にわたり木村前社長以下、延べ50人の役員や従業員その他関係者、有識者らに対してヒアリングをし、事実関係を調査したうえで報告書を作成した。

本章では、報告書の内容を説明し、私の考えを述べていきたい。

その前に朝日新聞をはじめ在京紙が、この報告書の内容をどのように報じたか概観する。

朝日は2014年12月23日朝刊の1面トップを含む計12面を使って大きく報じた。1面に本記と渡辺雅隆社長の「重く受け止めております」とする言葉を掲載。2、3面で池上氏のコラム問題の経緯、3社面では取り消しなどの対象になった主な記事の説明をした。報告書のポイントと要約版が、23〜29面(特設面)に掲載された。

他紙の同日(23日朝刊)の報道は、読売、産経、毎日新聞が大きく紙面展開した。

読売は1面トップを含む計6面で扱い、1面の見出しを「朝日誤報『読者裏切る』／吉田証言　取り消し遅れ非難」とした。ほかに1面に「強制性論議は『すりかえ』」という見出しがとられたが、これは12月26日の渡辺社長の記者会見でさかんに質問された点だ。1社面には「朝日自ら事実関係、自社の体質などを精査し、その内容や対応について第三者委に問うべきだった」とする服部孝章立教大学教授(メディア法)の識者談話を載せ、当事者意識が薄いとした。

産経は1面トップにしたうえ計5面に掲載、「『韓国での批判を過激化』／国際的影響　認める」と1面に見出しをつけた。ただ、この見出しは、意見が分かれて併記された三つの報告のなかの一つの報告からとられたもので、朝日にとっては公平性に欠けるものだったといえる。1面に掲載された解説記事は、読売と同様に「強制性すりかえ」に言及するものだった。2面の主張（社説）では「真の被害者は、虚偽の報道によって不当におとしめられた、日本と日本国民である」とし、「日本人の名誉を回復せよ」と訴えた。

3面には3人の識者談話を掲載。現代史家の秦郁彦氏は植村元記者の韓国人元慰安婦の証言記事について「女子挺身（ていしん）隊を混同して執筆したり、慰安所へ連行したのがキーセンハウスの抱え主だったことを伏せて『地区の仕事をしている人』と報じたりした経緯などが明らかになっておらず、調査不足だ」、東京基督教大学教授の西岡力氏は「誤った記事を掲載し、ここまで訂正を遅らせた責任を誰が取るべきかが書かれていない」と述べた。

京都大学名誉教授の中西輝政氏は「読者の関心があるのは、吉田証言が怪しいと分かりながら訂正に至らなかった裏にあるもので、そこには朝日新聞社の体質や国家観の問題があると誰しも思うが、それを認めたくないがゆえに問題を放置してきたのではないか。その動機解明に触れていないのは残念だ。最大の問題は、朝日新聞の記事の国際的な影響についての解明があまりに足りない点だ」と苦言を呈した。

毎日は1面トップではなくカタにし、計4面に載せた。1面見出しは「朝日第三者委『前社長、判断誤り』／慰安婦検証、池上氏コラム」とし、前社長の判断ミスに重きを置く記事にした。3面は一連の報道が国際社会に与えた影響についての三つの見解（報告）をていねいに報じるとともに、別稿で「読者より組織防衛」に走った点を指摘した。

1社面では秦氏の「朝日は慰安婦報道を続けるだろう。第三者委員会は、慰安婦問題についての認識、つまり『強制連行の有無』、あるいは慰安婦は『性奴隷』だったのかどうかといったことに関して、はっきりとした認識を『指針』として示してほしかった」との談話と、中央大学教授（日本現代史）の吉見義明氏の「『広義の強制性』を論点のすり替えと言う。しかし、慰安所での性的強制が最大の問題なのは当たり前だ。徴募過程でのだまし・甘言による誘拐や人身売買も強制である」「慰安婦問題に取り組んできた委員はおらず、女性も一人だけだった」との談話を載せた。

以上が、在京紙の第三者委員会の報告書をめぐる大よその見方だ。

社長が紙面で謝罪することに反対した

報告書のいくつかのポイントを示すと、2014年検証記事と池上コラム掲載見送り問題に関して、これまでの朝日新聞の説明をくつがえす新事実がそれぞれ認定された。①1992年の研究者の現地調査で吉田証言の信用性が疑問視された後も現地取材をせず、記事の掲載を減らすような消極的な対応をした点をどう考えるか、②97年3月の慰安婦報道を取り上げた特集記事で吉田証言について「真偽が確認できない」との表現にとどめた点をどう考えるか、③14年8月の検証記事への批判をどう考えるか、④朝日の慰安婦報道が国際社会に与えた影響をどうみるか——があげられる。

最初のポイントとして注目しなければならないのは、報告書が二点の新事実を認定したことだ。

一点目は、14年8月5日の検証記事【参考記事14】で吉田証言報道を取り消す際、木村前社長が紙面で謝罪することに反対し、編集幹部がそれに従ったと認定した。記事を取り消しながら謝罪がない、と激しくバッシングされたのは記憶に新しいが、なぜ謝罪をしなかったのかという点については、これまで明確な説明がされてこなかった。

二点目は、池上氏のコラム「新聞ななめ読み」の掲載見送りについて、木村前社長が実質的に判断したと認定した。木村前社長が杉浦信之・前取締役編集担当に対し「大変厳しい内容」という感想を伝え、前取締役編集担当が掲載見送りを判断したとする従来の朝日側の説明（9月11日の記者会見）とは異なる内容を認定、踏み込んだものになった。

つまり、報道機関としての致命的ともいえる二つの判断の誤りは、木村前社長の判断であったとされたのである。

一点目の「なぜ謝罪しなかったのか」という疑問について。報告書は①歴史上の事実は間違っていたらその後に上書きされていくものであって、歴史上の事実についての誤りは謝罪になじまない、②謝罪することで朝日新聞の記事を「捏造」と批判する勢力を、「やはり慰安婦報道全体が捏造だった」とエスカレートさせてしまう、③朝日新聞を信じて読んでくれている読者の信用を失う、④反省という言葉により謝罪の意を汲《く》んでもらえる、⑤おわびするとこの問題を放置してきた歴代の人たちについても責任を問うことになる

——との理由で謝罪しないことにしたと説明している。

このような謝罪をしない五つの理由をみると、送り手側の理屈ともいえることばかりが目立つ。朝日新聞を信頼して長年購読している一般読者の側に立てば、吉田証言については結果的に32年間も誤りを放置し、「挺身隊」と「慰安婦」も混同していたのだから、謝罪が必要と考えるのが自然な流れであろう。

第三者委員会もこうした点について、「報道内容に誤りがあった場合、おわびしてその報道を取り消すということは自然な対応」「攻撃材料を与えてしまうという危機意識などから謝罪はしないこととした判断は、謝罪することによる影響の一部に強くとらわれて判断したもの」とし、これは「事実を伝えるという報道機関としての役割や一般読者に向き合うという視点を欠落させたもの」と厳しく指摘した。

ただ、ここで考えなければならないのは、第三者委員会がいう「自然な対応」ができない記者やデスクが新聞をつくっているのか、あるいはこれまでつくってきたのかという点だ。

さらに報告書を読み込むと、当初、取締役編集担当の委任を受け紙面編集全般について指揮をする渡辺勉ゼネラルエディター（以下、ＧＥ）ら編集現場は「謝罪するのが筋」とし、「謝罪文言を入れたゲラ刷りが作られた」「7月15日までは、1面掲載の論文及び囲み記事においておわびする旨を明記した紙面案が作成された」と述べられている。

しかしながら、拡大常務会の前日7月16日、木村社長から「おわびすることに反対する意見が出され……翌日の拡大常務会に提出する紙面案は、おわびを入れない案が提出された」と顛末《てんまつ》が記されていた。

つまり、杉浦編担に並ぶ編集の責任者である渡辺GEら現場は謝罪する必要があると考え、すでにゲラ刷りまでつくっていたにもかかわらず、木村社長（当時）の鶴の一声で、翌日には謝罪文を抜いたものに差し替えたのである。

この部分はたいへん重要なポイントである。経営者である社長の意見と、編集責任者の意見のどちらの優先順位が高いのか。現場の考えや感覚とまったく逆の判断をした社長に対し、言論人として絶対服従する必要があるのか。結果として、朝日は創業以来の危機に陥ることになった。

もっと根本的なポイントは、欠陥商品を売って迷惑をかけながらおわびしない、という感覚をどう受けとめるのかである。新聞の制作・販売は公共性の高い事業であるが、購読料で成り立っている以上は、新聞も立派な商品だ。欠陥商品を売ってリコールがかかったメーカーのトップで、反省という言葉を使えば謝罪の意を汲んでもらえる、と判断してすませる人がいるだろうか。

謝罪する、しないというやりとりについては、私も含め大多数の社員は知らなかった。一握りの人間がすべてを密室でおこなっており、この報告書で初めて知ることになった。検証チームに参加した1人の記者は15年1月に都内であった毎日新聞労働組合主催のシンポジウムで、「秘密裡に進めろという指示があり、誰にも相談できなかった」と明かしている。

社長が池上コラム掲載に難色を示す

二点目の新しい事実として、池上氏のコラム「新聞ななめ読み」の掲載見送りの判断をしたのも木村前社長であることが分かった。

第三者委員会の報告書によると、２０１４年7月上旬ごろ、オピニオン編集部のコラム担当者が、池上氏に、慰安婦報道の検証記事を事前に読んで秦郁彦氏や吉見義明氏とともに論評してほしいと頼んだ。しかし、時間がないとの理由で断られ、代わりに毎月最終金曜日に掲載しているコラム「新聞ななめ読み」で検証記事を取り上げることになった。

検証記事は8月5、6日と2日間にわたり掲載、それを読んだ池上氏は8月27日午後、オピニオン編集部の担当者に電子メールでコラム記事を送信した。担当者は「過ちは潔く謝るべきだ」という見出しをつけ、池上氏の了承を得ている。

その後、担当者は渡辺GEにゲラ刷りを配布。通常は社長がゲラ刷りをみることはないが、「経営上の危機管理」体制に入っており、このゲラは木村社長も読むことになった。渡辺GEは当初、「掲載することで問題ないと考えていた」。しかし、「27日の夕方になって、木村〈社長〉が掲載に難色を示しており、このままでは掲載できないということになった」と報告書に記されている。

その後、全編集部門の人事を総覧する編集担当の主補佐役としての役割を担う、市川速水ゼネラルマネジャー（以下、GM）と渡辺GEを含む編集部門で協議した結果、「27日深夜、見出しを『訂正遅きに失したのでは』とマイルドなものに」変えて掲載ということで、杉浦編担が木村社長に話すことになったが、翌28日も「実質的には木村〈社長〉の判断」でこのままでは載せることができないという結論に達した。

渡辺GEやオピニオン編集部は杉浦編担に対し、「池上氏の原稿はそのまま載せるべきだ、もし載せなければ、これまでは慰安婦を巡る問題の議論だったのが言論の自由を巡る問題に変わってしまいフェーズが変わる、リベラルな知識人や読者からも批判されてしまう」と意見を述べた。

これに対し、杉浦編担は「池上氏の連載が打切りになる可能性も踏まえたうえでのリスク判断だ、連載打切りのリスクよりもコラムを載せる方がリスクが高いと判断した、掲載しない判断は経営上の危機管理の観点からのものだ」と説明した。

こうした「経営上の危機管理」という判断のもと、同日夕に渡辺GEと担当者らが池上氏と面談。「おわびがないという部分を抑えたものに書き直してもらうことはできないか」と依頼した。これに対し、池上氏は「細かい言葉の修正ならともかく……テレビでは訂正とおわびはセットだ、……これがだめだということだとジャーナリストとしての矜持が許さないので連載は打ち切らせて欲しいと答えた」という。

朝日新聞は8月29日朝刊へのコラム掲載を中止し、オピニオン編集長を通して「新聞ななめ読み」をどのように終わらせるか、池上氏に打診した。

外部に漏れた池上コラム掲載見合わせ

まもなく池上氏のコラム「新聞ななめ読み」の連載を朝日新聞が打ち切るようだという情報が、週刊誌に漏れることになった。コラムを掲載予定日に載せなかったことについて2014年9月1日以降、「週刊新潮」や「週刊文春」が池上氏を取材するとともに、朝日に対しても取材申し入れがあった。

池上氏は2015年1月に都内であった先述のシンポジウムで次のように説明している。ロシア・ハバロフスクに出張していた池上氏の携帯に「週刊新潮」から国際電話があり、その翌日、「週刊文春」からやはり電話があった、「聞かれたことには答えたが、こちらからは話さなかった」という。

また、「国際電話は受信した側にも課金されるので、後日高額の電話料金の請求があった。しかし、『週刊新潮』と『週刊文春』には請求しません」とユーモアを交えて話し、笑いを誘った。

朝日は「週刊新潮」などからの取材に対し「弊社として連載中止を正式に決めたわけではありません。池上彰氏と今後も誠意をもって話し合ってまいります」と回答している。

在京の新聞各紙が9月3日朝刊で、「朝日での連載中止　池上彰氏申し入れ」などの見出しでいっせいに報じた。報道によってこのことを知った読者は、「言論を封殺した」などと厳しく朝日を批判した。予想をはるかに上回る、ごうごうたる非難の嵐のなか、朝日は3日、一転してコラムをそのまま掲載することにした。池上氏に「訂正、遅きに失したのでは」という見出しにしたいと説明、同氏は自分のコメントも掲載することを条件に掲載を了解したという。

ただ、取材に対する朝日の「弊社として連載中止を正式に決めたわけではありません。池上彰氏と今後も誠意をもって話し合ってまいります」とする回答には引っかかった読者が多くいた。9月6日朝刊で市川GMが経過説明した記事でも「『連載中止を決めたわけではない』とコメントしましたが、読者から経緯に関する疑問や批判の声が寄せられました」としている。

前述したように、8月29日朝刊へのコラム掲載を見合わせた時点で、オピニオン編集長は池上氏に「新聞ななめ読み」をどう〝終わらせるか〟打診している。これは朝日がコラムの打ち切りを決めたという証左である。にもかかわらず、交渉が継続していることを示す「池上彰氏と今後も誠意をもって話し合ってまいります」との回答は、事実を正確に伝えていない。

池上氏も上記の都内シンポジウムで、8月28日の時点で終了が決まったと理解しており、「朝日新聞の経過説明と自分の理解がずいぶん違っていた」と改めて話していた。

第三者委員会の報告書もこの点について「池上氏との協議の内容を余りに朝日新聞に有利に解釈したものというべきである」と断じた。

池上氏のコラムの内容については後で紹介する。

経営による「危機管理」という落とし穴

以上のように、吉田証言報道を取り消した際に謝罪しない判断と、池上コラムを掲載しない判断のいずれも木村前社長が相次いで下した。

先にも述べたが、経営者である社長の意見と、編集責任者の意見のどちらの優先順位が高いのか。現場の考えや感覚とまったく逆の判断をした社長に対し、編集責任者は絶対服従する必要があるのか。

今回の一連の朝日新聞問題には、大別すれば二つのフェーズがある。一つのフェーズは、慰安婦をめぐる吉田証言と原発事故をめぐる吉田調書の「誤報」にかかわるもので、これは取材・執筆の過程で生じた問題だ。もう一つのフェーズは、謝罪を抜きにした訂正報道と池上コラム掲載見合わせで、これは「誤報」にかかわるものではなく事後処理の問題だ。

木村前社長の二つの大きな判断の誤りは、事後処理の過程で起こった。取材・執筆にかかわる「誤報」の問題ではない。事後処理が具体的に目にみえるかたちになったのは、2014年8月5日**【参考記事14】**、6日朝刊の検証記事だ。

この検証記事を掲載しようとリーダーシップをとったのは木村前社長で、経営による「危機管理」という側面、換言すれば「経営幹部による『社を守る』という大義によって」推し進められ、編集現場のさまざまな決定が翻された。そして、その判断は惨憺《さんたん》たるものであった。

慰安婦報道にかかわった朝日の元記者とその家族や、販売店への執拗ないやがらせ、朝日新聞への攻撃もあり、経営による「危機管理」という側面から検証チームを立ち上げ、検証記事掲載にいたった。ジャーナリズムの倫理や良心といった側面からでた話ではなく、「危機管理」のための検証記事であったと理解していいであろう。「誤報」による編集の問題という出発点と、経営の問題という着地点の二つのフェーズのねじれが、今回の朝日問題の背景にあるといえる。経営の問題から着地点を模索したとしても、言論機関である以上は編集の問題として着地させるのが筋ではなかったか。

経営側である社長がリーダーシップをとるのはおかしいことではないが、紙面制作は編集現場の責任ですべきだった。編集の問題としてジャーナリズムの倫理や良心といったことを念頭に検証記事を書いたなら、紙面案から謝罪の部分を落としたり、全体の分量を短くしたりするということはなく、そもそも記事の書き方もずいぶんと変わってきたのではないか。

当初の紙面案には謝罪の言葉があったし、記事の分量も2倍ほどあった。おわびして謝罪しているのだから、必然的に池上コラム問題が起こることもなかった。

報告書は次のように述べている。

「報道機関において『経営と編集の分離』の原則を維持し、記者たちによる自由闊達な言論の場を最大限堅持することの重要さについて、経営幹部はいま一度確認すべきである」

結果として、編集幹部は社長の言葉に唯々諾々と従った。そして創業以来の危機を招いた。編集権は戦後の占領期にかたちづくられた概念で、編集をめぐる外部からの圧力と内部的な干渉からの独立を担保し、報道の自由を守るというものだ。しかし、経営側も編集権を有しているという考えがあり、より編集の独立を守るために考えだされた概念が「経営と編集の分離」原則といえるのではないか。

社長と編集幹部、社主と編集幹部。どちらの力が強いかといえば、多くの場合、社長であり、大株主の社主であろう。しかし、報告書で田原総一朗氏がいうように「体を張って」でも阻止する必要がある場合もあるかもしれない。それが今回のケースではなかったか。

だが、体を張る編集幹部は誰もいなかった。社長に刃向かうことができなかった。これ自体は特殊なことでなく、むしろこれが現実であろう。だから、「経営と編集の分離」原則があるのだ。

「経営と編集の分離」原則はジャーナリズム論のお題目ではなく、読者に良質のニュースを届けるとともに、記者ひとりひとりを守る先人のすぐれた知恵ともいえる。朝日新聞は14年危機に学び、たとえ経営による「危機管理」という側面から出発したことであっても、紙面制作にかかわる部分はこの原則を鉄則として貫くべきであろう。

鋭い池上コラムの指摘

朝日新聞は14年9月4日朝刊のオピニオン面に、いったんは没にした池上彰氏のコラム「新聞ななめ読み」を掲載した。

コラムと合わせて、池上氏の「私はいま、『過ちては改むるに憚《はばか》ることなかれ』という言葉を思い出しています。今回の掲載見合わせについて、朝日新聞が判断の誤りを認め、改めて掲載したいとの申し入れを受けました。過ちを認め、謝罪する。このコラムで私が主張したことを、今回に関しては朝日新聞が実行されたと考え、掲載を認めることにしました」とのコメントも載せられた。

コラムの見出しは、朝日側が提案した「訂正、遅きに失したのでは」となっていた。本文を読むと、冒頭で「過ちがあったなら、訂正するのは当然。……過ちを訂正するなら、謝罪もするべきではないか」と率直に疑問を投げかけている。

そして、終わり近くで「今回の検証は、自社の報道の過ちを認め、読者に報告しているのに、謝罪の言葉がありません。せっかく勇気を奮って訂正したのでしょうに、お詫《わ》びがなければ、試みは台無しです」とし、「新聞記者は、事実の前で謙虚になるべきです。過ちは潔く認め、謝罪する。これは国と国との関係であっても、新聞記者のモラルとしても、同じことではないでしょうか」とコラムを結んでいる。

冒頭の「過ちがあったなら、訂正するのは当然。……過ちを訂正するなら、謝罪もするべきではないか」という部分は、木村前社長が謝罪の必要なしとし、当初の紙面案を没にしたことへの真っ向からの反論になっている。

謝罪にかかわる部分以外でも、このコラムの指摘は鋭い。

池上氏は1992年の産経新聞の吉田証言に疑問を投げかける記事を取り上げ、「こういう記事が出たら、裏付け取材をするのが記者のイロハ。朝日の社会部記者が『吉田氏に会い、裏付けのための関係者の紹介やデータ提供を要請したが拒まれたという』と検証記事は書きます。この時点で、証言の信憑《しんぴょう》性は大きく揺らいだはずです。朝日はなぜ証言が信用できなくなったと書かなかったのか。今回の特集では、その点の検証がありません。検証記事として不十分です」と厳しく指摘している。

さらに、「慰安婦」と「挺身隊」の混同について、「検証記事の本文では『朝日新聞は93年以降、両者を混同しないよう努めてきた』とも書いています。ということは、93年時点で混同に気づいていたということです。その時点で、どうして訂正を出さなかったのか。それについての検証もありません」と疑問を呈している。

92年時点で吉田証言が信用できなくなったとなぜ書かなかったのか。93年に「慰安婦」と「挺身隊」の混同に気づいたときになぜ訂正を出さなかったのか。この二点の指摘については、第三者に検証を委ねるのではなく、朝日新聞自らが正面から検証する必要があるだろう。

最後にもう一点、これは検証記事を書くうえでの新聞社の姿勢への言及だ。検証記事が吉田証言は他紙も取り上げていたと書いたことに対し、池上氏は「問題は朝日の報道の過ちです。他社を引き合いに出すのは潔くありません」と諫《いさ》めた。

池上氏は第三者委員会の報告を受け、コラムの掲載拒否を誰が判断したかについて「外部の力によらなければ明らかにならなかったのは残念であるが、掲載すべきだと抵抗した人たちがいたことはうれしく思う。……私のコラムの連載をどうするかは、朝日新聞の方針を見て判断したい」（朝日14年12月23日朝刊）としていた。

木村前社長は「私は第三者委員会のヒアリングにこれまでと同じ説明をしましたが、委員会が出された報告書の内容は受け入れます。私が池上さんのコラムについて強い調子で修正を求める意見を言ったことが、編集担当の判断を左右する結果になったとの指摘も重く受け止めます」（同）とコメントしている。

池上氏は15年1月5日の朝日の「信頼回復と再生のための行動計画」発表を受け、連載をつづける考えを明らかにした。「『編集の独立』を確保する仕組みや、訂正記事を集めるコーナーの新設など、朝日新聞社が一から出直す決意と方向性が一応示されたと考える。今後は、連載を再開することで、読者の立場から厳しい目で朝日の紙面を監視する立場に立ちたい」（朝日15年1月6日朝刊）との談話を寄せている。

裏付けのないまま記事を書きつづける

先に、今回の一連の朝日新聞問題には、大別すれば二つのフェーズがあると述べた。一つのフェーズは、取材・執筆の過程で生じた問題だ。もう一つのフェーズは、「誤報」にかかわるものではなく事後処理の問題だ。

ここからは取材・執筆の過程で起こった、より根源的な問題をはらむ、慰安婦をめぐる吉田証言の「誤報」問題を取り上げたい。まず、池上コラムでも指摘されている、「1992年の研究者の現地調査で吉田証言の信用性が疑問視された後も現地取材をせず、記事の掲載を減らすような消極的な対応をした点をどう考えるか」。この点について、第三者委員会の報告書を参照しながら考えたい。

92年の研究者の現地調査というのは、現代史家の秦郁彦氏が同年3月に韓国・済州島でおこなった調査である。

第1章で説明したように、吉田清治氏は「十八年の初夏の一週間に済州島で二百人の若い朝鮮人女性を『狩り出した』」「朝鮮人男性の抵抗に備えるため完全武装の日本兵十人が同行した。集落を見つけると、まず兵士が包囲する。続いて吉田さんの部下九人が一斉に突入する。若い女性の手をねじあげ路地にひきずり出す」と大阪市内であった講演会で証言し、この内容を朝日新聞が82年9月2日朝刊（大阪本社版）で伝えた。

これが朝日新聞にとっての初報で、その後関連記事が掲載されることになるが、いずれも慰安婦にするために朝鮮人女性を強制連行したとする吉田証言にもとづいて書かれている。

秦氏のくだんの調査結果は、産経新聞の92年4月30日朝刊に掲載された。「済州島民『でたらめだ』／地元新聞『なぜ作り話』」との見出しをとり、吉田証言による「済州島での〝慰安婦狩り〟については、信ぴょう性が極めて疑わしい」とする秦氏のコメントを載せている（詳細については第1章参照）。

調査結果を示し、疑問が呈されたにもかかわらず、その後も吉田証言の関連記事を書きつづけた。関連記事を書いたことがある2人の記者が、真偽を確かめるためにそれぞれ吉田氏に会い、証拠となる資料の確認を求めたが、いっさい資料は提示されなかったという。済州島への現地取材にはいっていない。

第三者委員会の報告書によると、後にGMになる市川速水記者からのヒアリングとして「証言の真実性を判断する材料が与えられなかったため、少なくともオーラルヒストリーとしては使えないと判断したが、上記記事〔92年5月24日朝刊〕掲載の数日前に吉田氏から電話連絡を受けて韓国に行くことを伝えられたため、デスクとも相談のうえで、記録として事実関係だけは残すべく記事にすることとしたという。吉田氏には怪しい点があるとの心証であったので、慎重に、すべて『吉田氏によると』など、証言内容が事実であるような書き方にならないよう気を付けたともいう」としている。

しかしながら、これでいいのだろうか。82年の初報記事は講演会の内容を伝えるもので、100％悪いとはいえないが、初報から10年近くたち専門家がおかしいといっているのである。

ジャーナリズムの鉄則である、「提示された『事実』の裏付けをとり、それに社会的な文脈を与え、反論権を確保する」。最初にやらなければならない「事実」の裏付けをとっていないまま、換言すれば、裏付けとなる客観的資料の確認をしないままで、10年も記事を書きつづけてきたのである。

「吉田氏によると」とする逃げを打って書く段階はとうに過ぎている。これは百歩譲っても初報の段階までで、その続報からは裏付けが必要だ。現在の基準では、吉田証言のように歴史上の新事実となる証言は、初報の段階から裏付けをとり、その事実に文脈を与え、記事を書くことで汚名を着せられる人がいれば、その人に反論権を与える必要がある。

第三者委員会の報告書は「吉田証言について引用形式にするなどの弥縫策をとったのみで、安易に吉田氏の記事を掲載し、済州島へ取材に赴くなどの対応をとることもないまま、吉田証言の取扱いを減らしていくという消極的な対応に終始した。これは新聞というメディアに対する読者の信頼を裏切るものであり、ジャーナリズムのあり方として非難されるべきである」と厳しく批判している。

これはまったく報告書のいう通りであろう。

第三者委員会が「致命的な誤り」と評価

それでは、次の論点として「1997年3月の慰安婦報道をとり上げた特集記事で吉田証言について『真偽は確認できない』との表現にとどめた点をどう考えるか」。

そもそも97年特集記事は、どのような経緯でつくられることになったのだろうか。

97年4月から中学校で使われる7冊の歴史教科書に慰安婦についての記述が登場するこ

とになった。教科書への掲載を通じて慰安婦問題が注目され、これに伴って吉田証言の信憑性についての論争が再燃することになった。このような状況のなか、97年3月31日朝刊に旧日本軍の慰安婦をめぐる事実関係を整理した見開き特集「政府や軍の深い関与、明白／従軍慰安婦　消せない事実」と社説「歴史から目をそらすまい」を掲載。合わせて93年8月に慰安婦に関する談話（河野談話）を発表した河野洋平元官房長官にインタビューし、その内容を載せた（詳しくは第1章参照）。

ただ、この特集をみると、吉田証言にかかわる記述は、わずか21行で見出しもとっていない。記事は「済州島の人たちからも、氏の著述を裏付ける証言は出ておらず、真偽は確認できない」としていた。

この記事内容と扱いでは、吉田証言についての専門家らの疑問に答えるものにはなっていない。「真偽は確認できない」というひと言が大きな特集記事のなかに埋没するかのようにあり、吉田証言の真偽は曖昧なままにされることになった。「真偽は確認できない」からこのような扱いにならざるをえなかったのか。それとも意図的にグレーにして、この問題をうやむやにしようとしたのか、疑問が湧《わ》いてくる。

報告書によると、第三者委員会のヒアリングに対し、「〔吉田証言報道を〕取り消すなどといった議論は全くなかった」とする者と、「訂正・おわびをするべき、との主張があった」とする者とがいた。後者には、より具体的に、「1面でおわびするか、ないし論説委員室で書くべきだと主張した」と述べる者もいる。当時の資料のなかには「この企画を逃せば、吉田証言について訂正する機会を失う」との記載もあるとしている。「訂正する」必要があるという認識は全員でないにしても、何人かのあいだであったようだ。しかし、最終的には曖昧なままにした。

これに対して第三者委員会の報告書は「現時点から評価すれば、1997年特集が、その時点での慰安婦問題を総括してその後の議論の土台とする、という意図のもとに作成されたのであれば、吉田証言に依拠して、徴募の場面において日本軍などが物理的な強制力により直接強制連行をしたというわゆる『狭義の強制性』があったことを前提に作成された記事について、訂正又は取消しをすべきであった。さらに、必要な謝罪もされるべきであった。1997年特集において、訂正・取消しをせず、謝罪もしなかったことは、致命的な誤りであった」と指摘している。

97年特集から17年後に、追いつめられたかたちで2014年特集をつくり、記事取り消しをしたという事実を考えると、「致命的な誤り」とする第三者委員会の評価に異論をはさむ余地はないのではないか。

「狭義の強制性」から「広義の強制性」に乗り換える

1997年特集でもう一点考えなければならないことは、「強制性」についてである。朝日は「強制性」について80年代以降、徴募の場面で強制連行があったとする「狭義の強制性」について報じてきたにもかかわらず、この97年特集では河野談話に依拠する「広義の強制性」を唱える観点から慰安婦問題を論じた。「広義の強制性」というスタンスをとること自体は問題ではないが、それまで主張してきた「狭義の強制性」について何の説明もなく見方を変えたことが問題にされてきた（詳しくは第1章参照）。

同日の社説においても「〈関連記述の削除を求める〉主張に共通するのは、日本軍が直接に強制連行をしたか否か、という狭い視点で問題をとらえようとする傾向だ。／しかし、そのような議論の立て方は、問題の本質を見誤るものだ」と主張している。

そうであるなら、朝日新聞は80年代以降、河野談話（93年8月）が発表されるまで、官憲による強制連行があったとする吉田証言などにもとづき、「狭義の強制性」を問題にしてきたが、軌道修正し「広義の強制性」について考えていきたいと特集記事で説明する必要があったのではないか。

歴史上の出来事を語る際、新しい事実の発掘などでそれまでの考え方を修正することは、何ら問題はない。調査・研究を深める過程で、修正を繰り返しながら少しずつ歴史的な事実へと、核心へと迫っていくものであろう。問題なのは、説明をせずに、いつの間にか修正をすることではないか。

報告書は「『強制性』という用語はかなりあいまいな、広義な意味内容を有するものであり、この報告書において『強制性』について定義付けをしたり、慰安婦の制度の『強制性』を論ずることは、当委員会の任務の範囲を超えるものである」とし、「ただし、朝日新聞は当初から一貫していわゆる『広義の強制性』を問題としてきたとはいえない。80年代以降、92年に吉田証言に対する信ぴょう性に疑問が呈されるまで、前記のような意味での『狭義の強制性』を大々的に、かつ率先して報道してきたのは、他ならぬ朝日新聞である。1997年の特集紙面が、『狭義の強制性』を大々的に報じてきたことについて認めることなく、『強制性』について『狭義の強制性』に限定する考え方を他人事のように批判し、河野談話に依拠して『広義の強制性』の存在を強調する論調は、のちの批判にもあるとおり、『議論のすりかえ』である」と断じた。

97年特集は、官憲による強制連行があったとする吉田証言について「真偽は確認できない」と曖昧にしたまま、「狭義の強制性」から「広義の強制性」へと歴史のレールのうえを走る車両を乗り換えた。「狭義の強制性」のうえに立つ吉田証言報道を虚偽として取り消したうえで、「広義の強制性」に乗り換えたなら、特集記事として筋が通ったのである。97年特集は、元のスタンスを取り消さないまま、別のスタンスへ乗り換えるという、そもそも無理筋のことを断行したといえる。

さらに、いつの間にか「広義の強制性」の側に立ち、「問題の本質を見誤るものだ」と「狭義の強制性」に限定する側を批判することは、公正な報道といえるだろうか。

「97年特集で解決済み」という認識

次に1997年特集から2014年検証までの17年間、朝日新聞はこの問題をどのように扱ってきたのか。主に第三者委員会の報告書をもとにたどってみる。

97年特集の掲載後の各紙の反応をみてみると、大きく取り上げて反論する記事などはなかった。報告書は「関係者は、一様に『驚くほど反応がなかった』、『特に批判も浴びなかった』という趣旨の感想を述べており、実際に、他紙等でも大きく取り上げたものは見当たらない」としている。

特集を担当した社会部デスクは「〔97年特集の掲載〕以降、吉田証言は紙面で使わないように」と記載した社内連絡文書を関連部署に送っている。読者からの質問・苦情などに対応する広報宣伝センターは01年、原発、自衛隊、歴史認識などの問い合わせが多いテーマに関して回答例を作成。慰安婦問題については、たとえば以下のようなQ&Aがある。

「朝日新聞はかつて吉田清治のデマをそのまま紙面に載せ、いまだに訂正もしていない」との質問に対しては、「疑問視する声が出ていることは以下の特集〔97年3月31日の特集〕

で書いている」との回答が用意されている。しかし、この回答は「訂正した」とも「訂正しない」とも明言していない。

先述したように97年特集は、吉田証言について「真偽は確認できない」と曖昧なままにしている。「いまだに訂正もしていない」という読者からの質問に対して、正面から答えるものにはなっていない。

報告書は「しかし、多くの関係者が『1997年特集で解決済みになった』との認識で、目立った批判もない状態となったこともあり、吉田証言について改めて検証されないまま、2014年の検証に至ることとなる」としている。

社内でも吉田証言についてはあまり話題にされることがなくなり、忘れられていった。しかし、11年12月、韓国・ソウルの日本大使館前に慰安婦をモチーフにした少女像が設置され、政治問題として慰安婦問題がクローズアップされることになった。

これによって朝日新聞の過去の報道が再び問題視されることになり、12年5月、朝日は当時の編集担当の指示で秘密裏に吉田証言問題を下調べすることになった。

「2012年秋ころ、安倍政権が誕生した場合には、河野談話の見直しや〈慰安婦報道を

めぐり〕朝日新聞幹部の証人喚問がありうるとの話が聞かれるようになったことも下調べの動機となった」（報告書）

13年1月には下調べを終え、調査内容をファイルにしたとする。

戦後70年を翌年に控えた14年にはいると、保守系メディアによる朝日新聞の過去の報道に対する攻撃も強まり、慰安婦問題についての本格的な検証をおこなわざるをえないという考えが経営幹部のなかに強まってきた。

「経営幹部において、この検証は、日常扱う記事とは異なり、多分に危機管理に属する案件であるとし、経営幹部がその内容に関与すること」（同）となった。

以上が14年検証にいたるあらましだ。

本文は正確だったが、用語説明メモが誤報に

それでは、「2014年8月の検証記事への批判をどう考えるか」。14年検証の内容については第2章で詳しく述べた。ここでは第三者委員会の評価を中心にみていく。

14年8月5日朝刊の1面に掲載された編集担当の記事【参考記事13】は、朝日新聞のスタンスを示すものできわめて重要である。

報告書は「しかし、論文は吉田証言を記事にするに際して裏付け調査が不十分であったことを『反省します』と述べるにとどまって、『慰安婦問題の本質は女性が自由を奪われ、尊厳を踏みにじられたことである』との主張を展開し、他メディアにも同様の誤りがあったことを指摘するという論調であった。このような構成であったことが、読者に対し朝日新聞の真摯さを伝えられず、かえって大きな批判を浴びることとなった原因である」と分析している。

5日朝刊の見開きの特集記事【参考記事14】は、読者の疑問に答えるかたちで、①強制連行、②「済州島で連行」証言、③軍関与示す資料、④「挺身隊」との混同、⑤元慰安婦初の証言——という五つの疑問をあげ、慰安婦問題をどう伝えてきたか、検証し説明している。

「強制連行」の項目について、報告書は「吉田証言が強制連行・強制性の議論に与えた影響の有無等について丁寧な検証を行うべきであった。……『朝日新聞の問題意識は変わっていない』と結論づけることによって、かえって朝日新聞が吉田証言を取り消し、裏付け取材が不十分であった点につき反省しているという意図が読者に伝わらず、誠実でないという印象を与えた」とする。

「『済州島で連行』証言」の項目について。14年検証のなかで吉田証言を虚偽と認めた、もっともインパクトのある項目だ。

報告書は「記事を取り消すに当たっては、取り消すか否かといった結論のみでなく、記事掲載に至った経緯や取消しの判断が2014年にまで遅れることとなった経緯も含めて検証の対象としてこそ、このような事態に至ったことを真摯に受け止め、再発を防止しようとする朝日新聞としての覚悟を読者に示すことができたはずである。／2014年検証は、取消し対象となった記事の掲載に至る経緯や取消しの判断が遅れた理由などが検証されてはおらず、不十分なものであった」と指摘した。

「軍関与示す資料」の項目について。1992年1月11日朝刊に掲載された記事【参考記事6】は、宮沢首相訪韓の直前のタイミングで掲載されたこともあり、この記事を契機に慰安婦問題が日韓両国のメディアでクローズアップされることになった。そして、この動きは河野談話の作成へとつながっていき、慰安婦報道におけるエポックメイキングな記事となった。

報告書は「朝日新聞があらかじめ入手していた資料をすぐに記事にせず、政治問題化を狙って首相訪韓直前のタイミングで記事にしたという実態があったか否かは、もはや確認できないが、首相訪韓の時期を意識し、慰安婦問題が政治課題となるよう企図して記事としたことは明らかである」としている。

この記事は上記のように首相訪韓のタイミングに合わせた「意図的な報道」と批判されてきたが、この記事の問題は実際は別のところにあった。

「慰安所　軍関与示す資料」と題された記事が1面トップに載せられ、記事本文の脇に「太平洋戦争に入ると、主として朝鮮人女性を挺身（ていしん）隊の名で強制連行した。その人数は八万とも二十万ともいわれる」とする用語説明のメモがつけられた。

このメモには「挺身隊」と「慰安婦」の混同があり、さらに慰安婦の人数を「八万とも二十万ともいわれる」とした。しかし、「二十万」という膨大な数を裏付ける資料は存在しておらず、読者の誤解を招く不正確な説明といえる。

記事の本体を書いた記者がこのメモをつくったのではなく、デスクの指示で本社にいた記者が過去記事をもとにつくったものであった。このメモによって、「二十万」という数字が一人歩きをはじめることになりかねない。

報告書は「このような用語説明メモを付すことによって、世論が反応した可能性は否定できず、朝日新聞は、この点についても真摯に検証すべきであった。同時期において他紙にも同様の記載の記事が複数見受けられるが、それが言い訳になるものではない」としている。

記事の本体に誤報はなかったが、用語説明メモに2カ所にもわたり、歴史的事実に反する記述があったことは手痛いミスである。「この点についても真摯に検証すべきであった」とする第三者委員会の評価は、とうぜんの指摘であろう。

元慰安婦の初証言記事の問題点

次に「『挺身隊』との混同」の項目について。挺身隊は、本来は戦時下で女性を軍需工場などに動員した「女子勤労挺身隊」を指し、慰安婦とはまったく別の女性たちの総称であった。慰安婦問題に関する研究が進んでおらず、当時は誤用されていた。

しかし、2014年検証にあるように「92年1月の宮沢首相の訪韓直前、韓国の通信社が国民学校に通う12歳の朝鮮人少女が挺身隊に動員されたことを示す学籍簿が見つかったとする記事を配信。『日本は小学生までを慰安婦にした』と誤解され、対日感情が悪化した」という不幸な誤解を生むことになった。

14年検証はほかにも当時のソウル支局長の証言として「挺身隊として日本の軍需工場で働いた女性たちが『日本軍の性的慰みものになった』と誤解の目で見られて苦しんでいる実態が、市民団体の聞き取りで明らかになったという事情もあった」としている。

両者が混同されなくなるのは、1993年以降のことである。

報告書は「例えば、92年3月7日付の『透視鏡』と題するソウル発のコラムは、『韓国人の多くはいまも、挺身隊を慰安婦の同義語ととらえている。』『挺身隊と慰安婦の混同に見られるように、歴史の掘り起こしによる事実関係の正確な把握と、それについての情報交換の欠如が今日の事態を招いた一因になっているといえる。』と書いている。こうした問題意識がなぜ共有されなかったか、検証されるべき課題である」「単に当時は研究が乏しかったために誤用した、と事実を説明するのみではなく、誤用を避けるべき努力が十分なされていたのか、誤用があった後の訂正等が行われてきたかという経緯や、今後こうした混同・誤用が生じないようにするためどのような態度で臨んでいくのかなどについても踏み込んで記事とし、朝日新聞としての姿勢を示すべきであった」と注文をつけた。

最後に「元慰安婦　初の証言」の項目について。91年8月11日朝刊（大阪本社版）に掲載された「元慰安婦　初の証言」【参考記事4】は、82年9月2日朝刊の吉田証言「『済州島で連行』証言」【参考記事1】と92年1月11日朝刊の「軍関与示す資料」【参考記事6】に並ぶインパクトのあるもので、その影響力の大きさからして朝日慰安婦報道の三大「スクープ」といえる。

しかし、第1章で書いたように韓国研究者らからいくつかの疑問が呈された。こうした点について報告書は次のように評価している。

「担当記者の植村がその取材経緯に関して個人的な縁戚関係を利用して特権的に情報にアクセスしたなどの疑義も指摘されるところであるが、そのような事実は認められない」

植村氏は記事で取り上げた女性が「だまされた」事例であると理解しているにもかかわらず、前文に「『女子挺（てい）身隊』の名で戦場に連行され、日本軍人相手に売春行為を強いられた『朝鮮人従軍慰安婦』のうち、一人がソウル市内に生存していることがわかり」と書いた。

この点について報告書は「事実は本人が女子挺身隊の名で連行されたのではないのに、『女子挺身隊』と『連行』という言葉の持つ一般的なイメージから、強制的に連行されたという印象を与えるもので、安易かつ不用意な記載であり、読者の誤解を招くものと言わざるを得ない」「そもそも『だまされた』ことと『連行』とは、社会通念あるいは日常の用語法からすれば両立しない」としている。

つまり、第三者委員会は、一部研究者らの植村氏に対する「記事を捏造した」とする立場には立っていないが、「安易かつ不用意な記載であり、読者の誤解を招くものと言わざるを得ない」と厳しく指摘した。

また、植村氏が元慰安婦の女性が「キーセン学校」に通っていたことを書かなかった点については「この記事が慰安婦となった経緯に触れていないながら、キーセン学校のことを書かなかったことにより、事案の全体像を正確に伝えなかった可能性はある。植村による『キーセン』イコール慰安婦ではないとする主張は首肯できるが、それならば、判明した事実とともに、キーセン学校がいかなるものであるか、そこに行く女性の人生がどのようなものであるかを描き、読者の判断に委ねるべきであった」と結論づけている。

第三者委員会がいうように、慰安婦問題を語るうえで、「キーセン学校」という機微にふれる経歴がでてきた以上は、キーセンの位置づけをしっかりと示したうえで、その事実を書くべきであっただろう。その方がより女性の人生を立体的に描くことができ、深い内容になったと思われる。

「挺身隊」と「慰安婦」の混同については、先の「『挺身隊』との混同」の項目でふれた。91年8月11日の元慰安婦の初報記事では、植村氏は慰安婦本人に直接取材せず、証言テープを聞き、匿名で報じている。この点について報告書には言及がない。

あえて酷ないい方をすれば、この女性が元慰安婦であったと芝居をしている可能性を完全に排除することはできない。ジャーナリズムの鉄則に従えば、直接本人に会って取材し、その証言の裏付けをとらなければいけないし、この記事によって批判されることになる日本政府あるいは旧日本軍の関係者に反論の機会を与える必要もある。

90年代初頭の報道界は一般的に証言テープなどの取材源が確実に存在する場合は本人に

直接取材せずに記事にしてきたように私も記憶している。しかし、今後同じようなケース、たとえば歴史上初めての証言となるような重要なケースでは、裏付け取材をすることが求められ、まして本人に直接取材をせずにテープ証言だけに依拠して記事を書くことは避ける必要があろう。これからの報道を担う記者たちは、ジャーナリズムの三つの鉄則を愚直に守るべきである。

「吉田清治証言の『亡霊』がなせる業」

第三者委員会の調査結果を示す、最後のセクションは「朝日の慰安婦報道が国際社会に与えた影響をどうみるのか」である（報告書はこの後に「まとめ」「問題点の指摘と第三者委員会からの提言」「個別意見」を掲載している）。

「委員の数名（①岡本委員と北岡委員の連名、②波多野委員、③林委員）がそれぞれその専門的立場からアプローチし、3つの、異なる側面から検討した結果が報告された」。その結果、「波多野委員及び林委員の検討結果は、いずれも吉田証言についての朝日新聞の記事が韓国に影響を与えたことはなかったことを跡付け、林委員の検討結果は、朝日の慰安婦報道に関する記事が欧米、韓国に影響を与えたかどうかは認知できないというものである」とした。

岡本委員と北岡委員は連名で報告書を作成。それによると「今回インタビューした海外有識者にしても、日本軍が、直接、集団的、暴力的、計画的に多くの女性を拉致し、暴行を加え、強制的に従軍慰安婦にした、というイメージが相当に定着している」としたうえで、「このイメージの定着に、吉田証言が大きな役割を果たしたとは言えないだろうし、朝日新聞がこうしたイメージの形成に大きな影響を及ぼした証拠も決定的ではない」とした。

しかしながら、「韓国における慰安婦問題に対する過激な言説を、朝日新聞その他の日本メディアはいわばエンドース（裏書き）してきた。その中で指導的な位置にあったのが朝日新聞である。それは、韓国における過激な慰安婦問題批判に弾みをつけ、さらに過激化させた。／第三国からみれば、韓国におけるメディアが日本を批判し、日本の有力メディアがそれと同調していれば、日本が間違っていると思うのも無理はない。朝日新聞が慰安婦問題の誇張されたイメージ形成に力を持ったと考えるのは、その意味においてである」と報告した。

つまり、朝日新聞が「〈日本軍が強制的に従軍慰安婦にしたという〉イメージの形成に大きな影響を及ぼした証拠も決定的ではない」としつつも、「朝日新聞が慰安婦問題の誇張されたイメージ形成に力を持ったと考える」と、やや婉曲《えんきょく》な表現となっている。

記者会見での岡本、北岡委員の発言から補足すると、調査結果など科学的なデータで上記説明を証明しているのではなく、あくまで実感や肌感覚といったもので説明したものであり、確かな説得力をもつものではないといえる。

波多野委員は日韓関係を背景とする1980年代から現在にいたるまでの慰安婦報道を詳細に分析している。膨大な量なので、ここでは主に結論部分を抜粋するにとどめる。

一連の朝日の慰安婦報道でもっともインパクトがあったのは、92年1月11日朝刊の「軍関与」報道**【参考記事6】**であったとし、「『強制連行』の事例として報じているわけではなかった。だが、慰安婦報道の日韓関係への影響という点からすれば、このスクープ記事は、韓国世論を真相究明、謝罪、賠償という方向に一挙に向かわせる効果をもった」と指摘している。

「挺身隊」と「慰安婦」の混同による誤解もあり、「女子児童までもが挺身隊に、という報道〈韓国・中央日報1月16日社説〉は1月11日付の『軍関与』報道と相乗効果をもって日本政府糾弾の世論や運動として地方にも広がっていった。……英字紙では、1月13日付のジャパン・タイムズがいち早く、『日本軍は数十万の慰安婦を売春婦として強制連行』と伝えた。同紙は慰安婦を『性奴隷』として報じ続ける」としている。

結論として「吉田氏はほんの一時期、日本のマスメディアにしばしば登場したが、むろん、加藤談話や河野談話を支える証拠として採用されたわけではない」とした。にもかかわらず、吉田証言の国際的な影響がいわれつづけるのはなぜかと問い、次のように説明した。

「問題は、内外政治に強い影響力をもつ集団〈従軍慰安婦の教科書記述について勉強会を重ねてきた安倍首相ら自民党議員らを指す。自民党議員だけで60人近い〉が、誤った認識を共有していたことである。そこでは、慰安婦の強制連行を告白した貴重な吉田証言は、河野談話の有力な根拠と認識され、談話は『強制連行』を認めたもの、というステレオタイプが形成されていたのであろう。本文で触れたように、2007年3月の参議院予算委員会では、安倍氏は首相として、……『慰安婦狩りのような強制性、官憲による強制連行的なものがあったということを証明する証言はない』と述べている。『強制連行』の有力な根拠であった吉田証言が否定されたことをもって、この集団は『強制連行』を日本の公的立場と認識する河野談話の見直しに言及するようになる。強制性をめぐって日韓双方の主張の微妙なバランスを表現し、国際的評価も定着しつつあった河野談話は、その信認を失う危険にさらされることになる。それは、『強制連行』の実行者としての吉田清治証言の『亡霊』がなせる業であった」

慰安婦問題における安倍首相の存在感

林委員は、過去20年間の英・米・独・仏4カ国、10紙の慰安婦報道、合計約600本の記事および韓国の全国紙5紙の慰安婦報道合計約1万4000本の記事を対象に、定量的調査をおこない、そのデータにもとづいて国際社会に与えた影響を読み解いた。報告は波多野氏と並び、膨大な量になるため、ここでは主に結論部分を紹介するにとどめる。

データからみた全体傾向としては「記事量の調査によると、欧米では、慰安婦問題はさほど大きく扱われていない。記事数にして、10紙〔欧米の主要新聞〕約20年合計で600本ほどである。単純に平均を出せば、一紙あたり、1年平均3本という計算になる。つまり、慰安婦問題は、世界各地に暮らす一般市民たちの日本のイメージ形成に決定的な影響を及ぼす要素とは見なされていない可能性が高い」とする。

吉田証言の影響については、「欧米の慰安婦報道の内容に影響を及ぼしたとは言えない。調査した欧米の新聞記事のうち、吉田清治氏が言及されていた記事は全期間にわたって5本、そのうち朝日新聞が本年8月5日に取消しを発表する以前のものは3本であった。また、それらも、朝日新聞からの引用ではなかった」と結論づけている。

また、追加的に第三者委員会の指示で朝日新聞の取材網が、英語圏にかぎるが、キャシー・マサオカ「公民権と補償を求めるニッケイ（NCRR）」共同代表やジェラルド・カーティス米コロンビア大学教授ら海外の有識者14人にインタビューした。

それによると「吉田証言は、日本のイメージに悪影響を与えてはいないという意見がほとんどであった。他方で、慰安婦問題は、日本のイメージに一定の悪影響を及ぼしているとする意見もほとんどの識者が述べるところであった。しかし、その際、日本で言われているような、『慰安婦の強制連行』のイメージが傷になるというのではなく、日本の保守政治家や右派活動家たちがこの『強制性』の中身にこだわり続け、河野談話に疑義を呈したり、形骸化しようとしたりする行動をとることのほうが、日本のイメージ低下につながっているという認識でほぼ一致していた」という。

さらに、「欧米の慰安婦問題の報道を分析すると、安倍晋三首相の存在感が目を引く」とし、「安倍首相は全期間にわたって96本の記事に彼の発言が引用されている。……『村山談話』を発表した村山富市首相であるが、彼の言葉が引用された記事数は20本だった。在任期間が5年半に及ぶ小泉純一郎首相は17本。安倍首相はこの2人を大きく引き離している」とする。

この背景について波多野氏も同様の見解を述べているが、林委員は「安倍氏は97年、『日本の前途と歴史教育を考える若手議員の会』の事務局長を務め、同年5月27日の国会で吉田証言が虚偽であることを理由に『河野官房長官の談話の前提がかなり崩れてきているという大きな問題点があると思うんですね』と発言していた。こうした背景から、06年の第1次安倍政権発足の際、海外のメディアから注目が集まった。／14年現在、安倍首相は、河野談話を継承することを確認しているが、その傍らで、側近と目される人たち、および政権下で公職に就く人々が河野談話見直しを示唆したり、慰安婦問題の『狭義の強制性』の不在とともに、慰安婦問題全体を否定するかのような発言をしたりしており、欧米メディアはその度にそれを報道し、報道量を一段押し上げているという構図が見てとれる」と分析する。

本書筆者の私も第1章を執筆するにあたり、在京6紙の1980年代以降の慰安婦報道を記事データベースなどで総覧した。たとえば、第1次安倍政権以降だけをみても、安倍氏が首相になると慰安婦問題をめぐる記事が突出して多くなり、他の人が首相のときは慰安婦問題があまり新聞紙面に登場しなくなるということを確認している。

朝日新聞による吉田証言報道が、韓国の全国紙5紙に与えた影響については次のように分析した。

「90年代以降、〈『日本』&『慰安婦』〉で検索された記事1万3931本のうち、同時に日本のメディアとの関係を調べたところ、『朝日新聞』および『朝日』が出現した記事本数は合計827本で、記事全体の5・9%となる。このほか、共同通信（2・7%）、産経（2・6%）、読売（2・4%）、NHK（2・2%）、毎日（2・1%）の順となる。……朝日新聞が最も高い割合を占めており、他の日本のメディアに比べて韓国メディアの報道に影響力を持っていることが推定されるが、韓国の慰安婦報道全体から見るとさほど高い割合とは言えない」

林委員は報告の最後に「結語」として「証拠や証言の入手が難しい中、記者たちはいわば使い古された虚偽の吉田証言に依存し、通りのよい『物語』を長年使い続けてきた。そのことが、今回の朝日新聞の一連の事件につながった。／その傍らで、検証した欧米各紙には、慰安婦問題を東アジアのローカルな話題として限定せずに、より広いテーマとして捉えるものが目に付いた。すべての報道がそうではないが、欧米の報道には、元慰安婦たちの個人的経験を、人道主義的、普遍的観点から捉え直そうとする試みが見出される。つまり、そこには、慰安婦をはじめ、戦時の性暴力被害に遭った女性たちの経験を、近代の国家権力の暴走の構造的な副産物であると捉え返す視点が存在した」と指摘している。

朝日の杉浦信之・取締役編集担当（当時）は2014年検証記事を掲載する際、1面で「女性としての尊厳を踏みにじられたことが問題の本質なのです」と述べている。にもかかわらず朝日の慰安婦報道の基調となってきたのは、「戦場における女性の人権」問題ではなく外交関係や政治的な問題であり、その結果、しばしば国益やナショナリズムの観点から保守系メディアと対立してきた。

朝日を含む日本の慰安婦報道は、国際的なスタンダードともこの点でズレており、再構築する必要があろう。

当面の対応策だけで終わらせるな

第三者委員会の報告書を受けて、朝日新聞の渡辺雅隆新社長は２０１４年12月26日、都内で記者会見し社長の見解と三つの柱からなる改革の取り組みを発表。その内容が27日朝刊でいっせいに報じられた。

朝日は1面カタに載せ、計3面で伝えた。「みなさまの声に耳を傾け続けます」との1面見出しにし、渡辺社長の決意を掲載。13面（特設面）に「経営と編集の関係」「報道のあり方」「慰安婦報道」の三つの柱からなる改革の取り組みを示した。

「経営と編集の関係」については、編集に経営が介入するという非常事態には「社外の複数の有識者で構成する常設機関を設け、意見を求めます」としている。しかし、意見を聞く有識者をどう選ぶのか、その意見をどう反映するかなど、運営上のことは言及されていない。記事掲載の可否についてはもっとも重要な課題の一つなので、この点は慎重に進める必要があろう。

「報道のあり方」については、「訂正報道」のあり方の抜本的な見直し、「言論の広場」として語り合う紙面を充実させ、「論争的なテーマ」について、継続的な取材の中核となるチームをつくるとした。この三点を実施するのはいいが、今回議論された国益と報道の問題をどう考えるのか、公正な報道をどう担保するのか、多くの重大な課題に対して朝日の考え方や方向性を示さなければ、小手先だけの改革に終わる危惧《きぐ》がある。

「慰安婦報道」については、今後も多角的な報道をつづけ、それを海外にも発信していくと説明した。報告書の個別意見のなかで、林委員は「社内ヒアリングをした際も、慰安婦問題を扱う現場の記者たちの中に、『女性の人権』という観点から専門家に取材したり、問題意識を共有したりしていた形跡はほとんどなかった」と指摘している。

日本の慰安婦報道は「女性と人権」という問題としては扱われてこなかった。イデオロギーとナショナリズムが絡まる国内問題、あるいは日韓の政治問題として捉《とら》えられてきた。いったんこの土俵から離れ、別のフェーズで慰安婦報道を立ち上げることが求められる。何を取材するのか、そのスタンスをしっかりと定めることが最初の作業のように思える。

他紙に目を移すと、社長会見を大きく取り上げたのが、読売と産経新聞だった。

読売は1面に「朝日社長がおわび」と3段見出しで入れ、計3面で報じた。3社面に会見要旨を載せ、2社面では「狭義の強制性」を大々的に報じてきたことを認めず、「広義の強制性」を強調したのは「議論のすりかえ」とする第三者委員会の指摘を認めるのかとの報道陣からの度重なる質問に、渡辺社長が正面から答えず「重く受け止めている」との応答に終始した点を問題視して伝えた。

産経は1面に「慰安婦報道　朝日、誤り放置陳謝/『強制性』見解示さず」と3段の見出しを立て、社説を含む計5面を使って報じた。2面掲載の社説は、第三者委員会の報告書を伝える12月23日朝刊の内容と同趣旨で、「〈朝日新聞の〉慰安婦報道によって損なわれた日本とその国民の尊厳を、どう取り戻すかの一点にある」と主張した。3面では読売と同様に強制性をめぐる「議論のすりかえ」の指摘に向き合わなかった点を指摘し、「渡辺社長自身が戒めた『自己弁護の内向きの思考』そのものではないか」とした。

1社面に識者談話が載せられた。第三者委員会の委員であった波多野澄雄・筑波大学名誉教授は「取り組みの内容は訂正報道のあり方など当面の対応策にしぼられ、第三者委の提言や意見の含意を十分にくみ取っているとは言いがたい」とし、「日本を代表するメディアとして、国際社会における日本とメディアの役割といった広い視野で、将来的な報道のあり方に踏み込んだ考え方を示してほしい」とした。

波多野氏のコメントはこれからの「報道のあり方」について、「訂正報道」など当面の対応策だけで終わらせるのではなく、「国際社会における日本とメディアの役割」を大局的に考える必要があるという指摘だ。その言葉の意味をしっかりと考える必要がある。

記事に「角度をつける」という意味

報告書の末尾に、各委員の個別意見が示された。そのなかで、岡本委員の「記事に『角度』をつけ過ぎるな」と題した意見が気になったので、ここで取り上げる。

岡本委員の指摘は次のようなものだ。

「当委員会のヒアリングを含め、何人もの朝日社員から『角度をつける』という言葉を聞いた。『事実を伝えるだけでは報道にならない、朝日新聞としての方向性をつけて、初めて見出しがつく』と。事実だけでは記事にならないという認識に驚いた。／だから、出来事には朝日新聞の方向性に沿うように『角度』がつけられて報道される。慰安婦問題だけではない。原発、防衛・日米安保、集団的自衛権、秘密保護、増税、等々。／方向性に合わせるためにはつまみ食いも行われる。（例えば、福島第一原発吉田調書の報道のように）。」

まず最初にいいたいのは、朝日社員がいう「角度をつける」という言葉の意味を、岡本委員は誤解しているようだ。確かに朝日社内では「この記事は角度がついていないので、分かりづらい」「もっと角度をつけた方が、読者に明確にメッセージが伝わる」など、半日常的に使われている。

これは、ある出来事を報じるにあたり、都合のよい事実だけを集めて、針小棒大に語るという意味ではない。総花的にデータを盛り込むのではなく、記事の切り口を明確にし、データが整理整頓されている読みやすい記事にするという意味で使われている。

この記事の切り口をどこにするのか、換言すれば、ニュースの焦点をどこに合わすのか、という選択によって、それぞれの新聞の特徴がでてくる。民主主義社会には保守系とリベラル系の新聞があり（これは海外メディアも同様である）、その論調や主張に立脚して記事を書く場合、自《おの》ずと方向性あるいは着眼点といったものがでてくる。そうしなければ、その記事で扱う問題の専門家でない読者にとっては、事実を告げるデータだけを並べられても、どう考えたらいいのか、判然としなくなる場合が多々ある。

たとえば、２０１５年1月25日、安倍晋三首相はＮＨＫの討論番組に出席し、戦後70年に合わせてだす「安倍談話」について発言した。

戦後50年にだされた村山富市談話には「植民地支配と侵略」「痛切な反省」「心からのお詫び」などのキーワードがあり、それにつづく戦後60年の小泉純一郎談話もこれらのワードが引き継がれた。この点について司会者から「植民地支配や侵略という文言を引き継ぐか」と問われ、次のように答えた。

「今まで重ねてきた文言を使うかどうかではなく、安倍政権としてこの70年をどう考えているかという観点から出したい」「今までのスタイルを下敷きとして書くことになれば、『使った言葉を使わなかった』『新しい言葉が入った』ということまごまとした議論になっていく」

新聞各紙はこの首相発言を翌1月26日朝刊で大きく報じた。朝日は「首相、表現継承に否定的」、毎日は「首相『侵略』文言なぞらず」という主見出しをそれぞれとり、首相発言を否定的なトーンで取り上げている。それに対し、読売は「戦後70年談話『新表現で』」、産経は「『安倍政権の観点で発表』」と主見出しをつけ、安倍談話は新しいものにしたいとする首相の意向を伝えた。

また、衆院予算委員会で民主党議員が村山談話にある「国策を誤り（戦争への道を歩んだ）」との文言をどう考えているのか、と何度も安倍首相に質問したが、これに対して、首相は直接には答えなかった。

この答弁について朝日1月30日朝刊は「文言継承　ぼかす首相」、産経の同日朝刊は「『70年談話』民主空振り」という主見出しをとり、記事も見出しに沿って書かれている。

同じデータをもとに記事を書いても、AとBの新聞社では真逆の評価になる、ということは日常的にある。これは「角度のつけ方」が違うことで生じる「差」「違い」であり、読者も受け入れている「差」「違い」といえるのではないか。A新聞を読むか、B新聞を読むかを決めるのは読者自身の選択である。私自身は、重要ニュースについては複数の新聞を読み比べることで、より理解が深まると考えている。

ただ、ここで注意しなければならないのは、一方の考え方だけを伝え、他方の考え方を伝えなければ、それは広報誌や機関誌といったものになり、ジャーナリズムの役割を果たせなくなるということだ。違った考え方の複数の識者談話を意識的に入れるほか、解説や論説面で多様な考え方を示し、読者に考える材料を豊富に提示していくべきであろう。朝日新聞を例にとれば、欧米の新聞にならい社説（editorial）に対向する面を「Op-ed（オピ・エド）」面（「opposite-editorial」の略）と呼び、ここに社説とは異なった意見を掲載し、バランスをとるようにしている。

第７章　朝日新聞は原点に帰れ

最後まで証拠となる資料をみせなかった

最終章となる本章では、取材・執筆、出稿作業を今後どのようにしていけばいいのか、基本的かつ根幹的なことを考えたい。

朝日新聞は２０１４年5月20日朝刊で、入手した吉田調書をもとに「所長命令に違反　原発撤退」と大見出しをとり、東京電力福島第一原発にいた9割にあたる約６５０人もの所員が、吉田昌郎所長の命令に違反して福島第二原発に撤退したと「スクープ」を放った。

政府が非公開としていたものを独占入手し、その内容を読み込むととんでもない「事実」が語られていたという記事の仕立てとも相まって、社会に衝撃が走った。通勤電車や食堂、喫煙所、夜の飲み屋で多くの人たちが、朝日のこの記事を話題にしていた。

しかし、遅れて吉田調書を入手した産経、読売、毎日新聞（共同通信電を利用）から「そうではない」「評価を誤っている」と疑義をただされた。これによって朝日新聞は関係者の事情聴取など社内調査をはじめ、吉田調書報道の誤りを認め、記事を取り消すことになった。

以上の経緯は本書で詳しく述べてきた。ここでは、朝日新聞社の第三者機関「報道と人権委員会（ＰＲＣ）」の見解のなかに、朝日新聞や報道の将来を考えるうえで重要な記述が何点かあったので、注目したい。

第５章で紹介したように、ＰＲＣの見解は「取材過程から記事掲載までにおいては、秘密保護を優先するあまり、吉田調書を読み込んだのが直前まで２人の取材記者にとどまっており、編集部門内でもその内容は共有されず、記事組み込み日当日の紙面最終責任者すら関連部分を読んでいなかった」としている。

これは驚愕《きょうがく》の事実である。担当デスクはなぜ読まなかったのか、彼らが所属する特報部長は、紙面全般の最終責任を負うゼネラルエディター（ＧＥ）は、当日の当番編集長は、なぜ読まなかったのか。

これはどのような理屈を並べても、報道に携わるものとして許されることではない。先にも書いたように巷を席捲するような大ニュースで、しかも東電所員650人に汚名を着せる記事である。現に米紙ニューヨーク・タイムズは「命令に反し、パニックに陥った所員は原発から逃げ出した」、英紙ザ・タイムズは「恥ずべき物語があらわとなった。サムライ・スピリットの手本とはほど遠く、90％の所員は命令に従わず逃げた」とした。

朝日の英語ニュースサイト「AJW」は、「90% of TEPCO workers defied orders, fled Fukushima plant in 2011」と見出しをとり、新聞掲載日に合わせて配信している。直訳すれば「東電の所員の9割は命令を無視して、福島原発から逃げた」となる。

ここまで人を貶《おとし》める内容の記事にもかかわらず、その根拠にあたる資料に目を通さずに新聞に掲載するという行為は、新聞人、ジャーナリストとしての倫理や良心からしてもありえないことだ。何のために責任者がおり、何のために組織編成がされているのか、分からないし説明もつかない。

2人の取材者しか資料をみなかった理由について、「2人はごく少数の上司らに吉田調書入手の事実を伝えたが、情報源秘匿を理由に現物は見せなかった」。5月14日ごろ、紙面化の具体的な日程が決まり、「GEは担当次長に吉田調書の閲覧を求めたが、担当次長は情報源が明らかになるので避けたいと述べたため、それ以上要求しなかった」。そして組み込み日になり、「東京の当番編集長はデスク会後、『調書を見せてほしい』と担当次長に要請した。しかし、秘密保持や調書自体が多量であることなどを理由に断られた」と、PRCの見解にある。

私にはこの理由が理解できない。「情報源秘匿」と「資料をみせない」は、直結する話ではない。資料のなかに情報源が類推されるもの、たとえば、この資料をみたことを示すサインや印鑑、通し番号などがあったとしても、それを伏せて吉田調書の内容そのものをみせれば何ら問題はない。それなのに、GEや当番編集長にみせることさえ拒んでいる。

それほど朝日の編集幹部は信用できない人たちなのか。新聞紙面に責任をもつということは、読者に対しての責任を果たすということである。根拠となる資料を確認せずに紙面化するということは責任放棄で、新聞人としての職業倫理にもかなっていない。

記者が資料の開示を拒んだときは、責任者の権限でその記事をボツにするのが、まっとうなジャーナリストのやることである。もし、いまの朝日新聞の編集現場に、情報源秘匿を理由に資料をみせないという文化があるのなら、それは即刻つぶすべきだ。記事にされ汚名を着せられる人たちと読者の方に目を向けるべきである。

見出しに対する疑問が続出

PRC見解でもう一つ注目したいのは「組み込み日前日から当日にかけて、記事を出稿した特別報道部内や東京本社の他部、東京本社内の見出しを付ける編集センター、校閲センター、大阪本社から、見出しや前文等に対し疑問がいくつも出されていたのに、修正されなかった」という指摘だ。

掲載日前日に記事が出稿された。実質2人の密室から、社内ではあるが相当数の人の目にふれる公開の場へとステージが移ったわけだ。そうすると、あちこちから記事への疑問が寄せられた。「これはおかしいぞ」という目をもった人たちは多くいたのである。

たとえば、「デスク会かその後のやりとりで、大阪本社側は『「命令」ではなく、「指示」ではないか』との質問をした。これに対して、担当次長は『他にも支える取材資料があり、間違いない』という趣旨の回答をした」とPRC見解にある。

また、大阪本社では午後5時半以降、編集センターの総合面デスクと編集者のあいだで、「『命令』より『指示』という表現が適切ではないか」「命令を無視して逃げたというより、命令の内容が十分伝わらなかったのでは」「待機命令を聞いていることの裏はとれているのか」「吉田氏は『命令』『撤退』という言葉は使っていないが、大丈夫か」などの指摘が交わされたという。

まっとうというか、とうぜんの疑問である。吉田所長は「命令」「撤退」という言葉を使っていない。それを見出しにとるからには、それを証明しなければならないのに、事実の裏付けをとっていない。

大阪本社は「大阪紙面のみ『所長指示通らず原発退避』という見出しも検討した。しかし、最終的には東京の見出しに追随した」という。

東京本社では午後10時ごろ、「遠隔地に配る紙面の大刷りを見ていた特報部員が『現場は混乱していたのでは。現場の声を入れた方がいいのでは』などとの指摘を取材記者2人にした。しかし、受け入れられなかった」。

午後11時ごろ、「校閲センター員の1人は『命令違反』の横見出しが、所員を責めているように読めるので『書き換えるべきではないか』と、編集センターの担当者に提起した。しかし、担当者から『第二、第三のスクープがある。今日は書いてないこともあるようだ』と言われた」。

以上のように大阪本社をはじめ多くの部門から疑問の声があがった。予断をもたずに第三者的な目で読むと、いくつもの納得いかない表現や取材の足りない点に気づいたのである。この部分にかぎっては健全だった。

しかし、GE、当番編集長、特報部長をはじめとする編集幹部は原典にあたる資料をみせられていない。ほかの人たちも、もちろん資料をみていないので「他にも支える取材資料があり、間違いない」「第二、第三のスクープがある。今日は書いてないこともあるようだ」という場当たり的な曖昧な返答に対し、引き下がることになった。

今後、同じことがあれば、ほかに支える資料や第二、第三のスクープの根拠が示されないかぎり、記事の掲載を見合わせ、誰もが納得できる記事に書き換えるとともに、その根拠を示す必要がある。

そして、何よりも決定的なことは、650人の所員の誰にも裏付け取材をしていないことである。「特報部員が『現場は混乱していたのでは。現場の声を入れた方がいいのでは』などとの指摘」をしている。これは取材のイロハ、反論権を確保するのはジャーナリズムの鉄則である。そもそも取材ができていなかった未完成な記事といえる。

私も、当日の新聞を読んだ何人か、特に整理部（編集センター）経験者から、「吉田調書にない言葉を使った妙な見出しだ、おかしい」という感想を聞いた。いまは編集現場にはいないが、幾人もの経験豊富な社員が「場合によれば、たいへんなことになるぞ」と内心思っていたようである。ただ、「場合によれば」と留保をつけているのは、同僚の記事に対し「ここまで言い切るのだから、別に決定的な証拠をもっているのだろう」と善意でみている部分もあったからだ。

情報源秘匿という口実で証拠を開示せず、反論の機会も与えず、「裁く」というやり方は、これまでも今後も通用しないことと肝に銘じるべきである。

吉田証言と吉田調書の両報道の共通点

朝鮮人女性を慰安婦にするために強制連行したとする吉田清治証言は、虚偽だったとして記事を取り消した。この記事は朝日新聞にとっての慰安婦報道のはじまりだったが、そのスタート地点で躓《つまず》くことになった。

最初に問題にしなければならないことは、ここでも「事実」の裏付けがなかったことだ。吉田氏は韓国・済州島で朝鮮人女性を慰安婦にするために「狩り出し」たといい、「徴用の鬼」と呼ばれたと自称している。

衝撃的な内容だ。慰安婦の強制連行があったとする有力な証言である。講演会で話された内容で、それを取材した朝日新聞記者が1982年9月2日朝刊（大阪本社版）に載せた。おそらく新聞で旧日本軍の慰安婦の強制連行を具体的に報じたのはこれが最初ではないだろうか。

しかし、記事は吉田証言だけに依拠し、事実の裏付けはなかった。約40年前の話で、場所も韓国での出来事である。すぐに裏をとることはできない。しかし、歴史的な証言としてとうぜん記事にすべきだという考えがあったのだろう。あくまで講演の内容というかたちで報じられている。

百歩譲って、初報記事はこれでもいいかもしれない。しかし、続報からは裏付けをとるべきではなかったか。なぜなら、歴史上初めての証言で、しかも性にかかわるデリケートな内容である。済州島にも早い段階でいくべきだったし、吉田氏からも信じるにたる証拠をだしてほしいと徹底的に取材をすべきだった。

今後、同様な歴史的証言があったとしたら、初報段階から裏付けをとるべきであろう。もう過ちは繰り返せない。

90年代に入り、再び吉田証言が新聞に登場するようになる。その際もまともな裏付け取材をせず、吉田氏のいうことをそのまま記事にした。第1章で述べたように、92年1月23日夕刊の論説委員が書く「窓」というコラム欄では「国家権力が警察を使い、植民地の女性を絶対に逃げられない状態で誘拐し、戦場に運び、一年二年と監禁し、集団強姦（ごうかん）し、そして日本軍が退却する時には戦場に放置した」と吉田氏の言葉を伝えた。

すごい内容である。さすがに読者から「軍律、兵隊の心情にてらしても、それはありえない」「もし事実だとしても、それは例外で、一般化するのは不当である」などと疑問を呈する多くの投稿が寄せられたという。これに対し、同じ論説委員は3月3日夕刊の同コラムで、「知りたくない、信じたくないことがある。だが、その思いと格闘しないことには、歴史は残せない」と反論している。

ここで注目したいのは、投書は歴史修正主義的な考えの人のものばかりではなかったと考えられることだ。当時はまだ多くの兵隊や戦争経験者が存命で、実体験にてらして「おかしいのではないか、そんなことは聞いたこともない」と素朴に思って、手紙を書いた人も多くいたのではないか。一方で、吉田証言の裏はとらないままでコラムが書かれている。

これは吉田調書報道でもいえることだが、書かれる側のいい分を聞かずに、自分の都合のいいデータだけを使っているといわれても仕方ないのではないか。疑義をただす投書が寄せられたことを契機に、済州島に取材にいったり、吉田氏に資料提示を求めたりするという姿勢をとるべきではなかったか。吉田調書報道においても、社内の各所から疑問が呈されたのだから、やはり650人の東電所員の相当数にあたるべきだった。

二つのケースの背景には、反対意見に耳を貸さないという共通点がある。

ストライクゾーンに球を投げ込むとは

2014年10月15日から新聞週間がはじまり、この前後に各紙が特集を組み、社説を書いた。そのなかで、日経新聞10月13日朝刊の芹川洋一・論説委員長の「中正公平　報道の使命／朝日誤報、教訓残る／ゆがみ生み出すメディアの罠」という記事が目にとまった。

まず、朝日新聞問題を「一新聞社にとどまらずメディアのあり方そのものも問い直している」と相対化し、「自分たちが伝えたいと考えていることを優先させる結果、つい報道にゆがみが生じてしまうメディアがおちいりがちな罠（わな）に、はまったのではないか」と指摘した。

これは報道を担うメディアがもつ、もっとも危険な落とし穴といえる。芹川氏は「朝日新聞のストライクゾーン」という言葉を使い、記者たちは「保守とリベラル、自由と平等……いろんな物さし」をもって、ストライクゾーンに向かって球を投げこむという。

ストライクゾーンは社によっても、記者によってもそれぞれ違う。これはある意味とうぜんのことで、多様な見方や意見があっていい。

「慰安婦に関する証言報道は過去を直視し自ら省みようとする朝日新聞のストライクゾーンに入ったものだったのだろう。……そこに向かって球を投げこむ。それが悪いわけではない。むしろその先が問題だ。……疑わしいとわかった時点での修正も当然だ。それらがなぜできなかったのか」と問いかけている。

また、吉田調書を入手しての記事については「吉田昌郎所長の指示は退避であって、それに違反して現場を離れたわけではない。完全な間違いだ。なぜ全体をみての判断ができなかったのかと不思議でならない。……脱原発の立場で政府や東電の責任を問うという立場から、報道の力点の置き方が微妙に変わってくることはなかったのか」としている。

私は吉田証言も吉田調書報道も裏付け取材をきちんとやらないところに問題があると指摘したが、芹川氏はそれを違った側面からみて、ストライクゾーンに入るネタをみつけたことで、「報道の力点の置き方が微妙に変わってくることはなかったのか」とただしている。

つまり、自らが信じる正義を主張するあまり、事実からかけ離れた報道をするということがあったのではないか。まさに、ここに「メディアの罠」がある。

都合の悪い事実がありそうなところに取材にいかず、もしくは都合の悪い事実を捨て去って、報道の力点を自らの主張に置くという方法は、事実に対して客観的な姿勢でのぞむ「公正」な報道とはいえない。一連の朝日新聞問題を考えるとき、どこまで「公正」に取材・報道できたかという物差しを当てて、振り返ることも重要であろう。

新聞社は読者の側にあるもの

それでは、「誤報」の事後処理という観点から今回の朝日新聞の対応を改めてみてみよう。

前項でふれた日経新聞の芹川論説委員長の記事でもあげられていたが、朝日記者だった杉村楚人冠《そじんかん》が『最近新聞紙学』（1915年）という記者向けの本で訂正について次のようなことを書いている。

「〔記事が〕間違っているとか、全く無根だとかの苦情が読者から出てくる。するとその材料の出所を細密に調査し……間違っていたとすると……責任者をつきとめて……苦情を持ち出した当人へ、男らしく事情を陳じて、その罪を謝する」「読者もその他意なきを知

って、つい〔その新聞の〕贔屓になる」（現代仮名遣いに変更）

朝日の先輩記者がすでに戦前、「間違っていた」ら「事情を陳じて、その罪を謝する」「読者もその他意なきを知って、つい〔その新聞の〕贔屓になる」といっている。「謝罪の必要はない」とはいっていない。

「慰安婦報道の記事を取り消しながら、読者に謝罪しなかった」「謝罪しなかった朝日を批判した池上コラムの掲載を見合わせた」。すでに述べているように、この二つが「誤報」処理の大きな判断ミスである。

この理由については、第三者委員会の報告書にある「過剰な組織防衛」につきるのではないか。

慰安婦報道の「誤報」部分は取り消すが、「謝罪することで朝日新聞の記事を『ねつ造』と批判する勢力を、『やはり慰安婦報道全体がねつ造だった』とエスカレートさせてしまう」と考えたのが、謝罪しない理由の大きなものだ。池上コラム掲載を見合わせたのは「連載打切りのリスクよりもコラムを載せる方がリスクが高いと判断した、掲載しない判断は経営上の危機管理の観点からのものだ」という理由だ。

しかし、この両方とも送り手側のあまり理屈のたたない理由で、前者は読者や「誤報」によって迷惑をかけた人たちへ謝罪するという謙虚さや良心がないし、後者もまったく読者不在の判断だ。自社の「欠陥商品」に対する謝罪はどこの経営者でもやることである。

謝罪したからといって、攻撃がエスカレートするものではない。現に謝罪しなかったので、かえって攻撃が激しくなった。先に紹介した杉村楚人冠は「間違っていた」ら「事情を陳じて、その罪を謝する」「読者もその他意なきを知って、つい〔その新聞の〕贔屓になる」といっているではないか。

池上コラムという「良質の人気商品」の生産をストップさせることに、どのような経営上のメリットがあるのだろうか。その理屈がそもそも分からないものであった。

「組織防衛したい」「会社を守りたい」という思いは一概に悪いとはいえないが、今回の問題は財務状況が悪くなっているとか、部数、広告収入が落ちているので何とかしたいという範疇《はんちゅう》のものではない。ジャーナリズムの根幹にかかわる、記事取り消しと社外筆者の原稿の取り扱い問題を、経営の論理、しかも理屈のたっていない経営の論理で押し切ったのが失敗の本質ではないか。組織防衛するにしても、記事や編集の問題はジャーナリズムの倫理と良心に照らし合わせておこなう必要がある。

前述したように、報道機関における「経営と編集の分離」原則という、よくできた概念がある。これは多くの報道機関がこの問題を抱え、苦労してきた結果に生まれた先人の知恵ともいえる。たとえ経営によるリスク管理が出発点であったとしても、記事や編集にかかわる問題を扱うところには、経営の理屈をもち込まないというのが報道機関としての原則であり、鉄則である。良心といってもいい。

木村社長（当時）をはじめ経営幹部は、「謝罪した場合」「謝罪しなかった場合」「掲載した場合」「掲載しなかった場合」に起こるさまざまなリアクションを政治的な力学にもとづいて考え、「最善」の選択をしたかったのだろう。しかし、それは逆である。政治性はいっさい排除し、ジャーナリズムの原則や倫理にもとづいて判断すべきであった。あえて厳しくいえば、今回起きたのは、戦後最悪ともいえる「経営による編集への介入」だったのではないだろうか。いうまでもないが、木村氏にすべての責任があるわけではない。

朝日新聞はこの過ちを二度と犯さないと誓うべきである。

新聞社はつねに読者の方を向き、ジャーナリズムの鉄則を守り、読者を信頼し、信頼される存在になる。そして、読者とともに新聞をつくっていくことを第一義とする。経営陣はそれを最大限に尊重する。これが新聞の原点ではないか。

最後にもう一度いうが、ジャーナリズムの鉄則は「提示された『事実』の裏付けをとり、裏付けがとれたなら、公益性を判断するためその事実に社会的な文脈を与え、そして取材対象者に反論の機会を与える」というものだ。この鉄則を愚直（確実）に守っていくなかで、ジャーナリストの仕事とは何なのか、ジャーナリストとして何をすべきなのか、を正面から考え合わせていくことが新聞記者として日々やることではないだろうか。

新たな取材・執筆、さらに新たな取材・執筆という絶え間のない繰り返しのなかで、日々新しい出来事に接するのが新聞記者の生業である。ジャーナリズムとは何かと自ら考え、議論するなかで、職業倫理も醸成されていく。それは記者個々人が育むもので、トップダウンで与えられるものではない。

朝日新聞は原点に帰れ。

おわりに

朝日新聞は一連の朝日問題の検証を自らせずに、有識者らでつくる第三者委員会と、もともと社内にあった第三者機関「報道と人権委員会（ＰＲＣ）」に丸投げしたという批判がある。たとえば、インターネット・メディアを立ち上げ、代表を務める朝日新聞ＯＢは「第三者委員会にいきなり頼むのではなく、朝日自らが検証をすべきではないのか。現場からの議論の積み上げが大事なのでは」と２０１４年９月11日の記者会見で指摘した。

第三者に検証を依頼するメリットは、しがらみや利害関係なく客観的に分析できるという点だろう。逆にデメリットは、新聞記者をしたものにしかわからない微妙な習性、組織がもつ特有の体質などはかぎられた調査期間では理解できないのではないかという点だ。

朝日ＯＢがいうように「現場からの議論の積み上げ」も大切なことである。ある日とつぜんとこの衣を纏《まと》ってくださいと、新調の服を第三者から与えられても、真に納得して着ることができるのだろうか。しかし、当時を振り返ると、あのときに朝日新聞自らが検証する余力など残っていなかったように思える。最良といえる選択でなくても、第三者に托すよりほかに方法がなかったというのが実情でなかったか。

私はこのように考え、第三者委員会と第三者機関による報告書と見解を虚心坦懐に読むことをこころがけた。そして、考えるところや思うところは本書にしるした。

今後、朝日新聞がやるべきことは、第三者による報告書と見解をもとにし、自らが検証することであろう。そして、慰安婦報道と原発事故をめぐる報道を新たな気持ちではじめなければならない。旧来の慰安婦報道において積み残している課題は多いうえ、「戦場における女性の人権問題」など現在の国際基準にあった報道も新たにする必要がある。吉田調書については記事を取り消しているので、やはり再検証し、書き直さなければならない。

最後にこれも避けて通れないこととして、「編集権」についてきちんと朝日新聞の考えを打ちだすとともに、記者個々人にかかわる「プレスの内部的自由」や「抗命権」をどう担保するのか、指針をださなければならないだろう。土台を整備しないかぎり、進めている数々の改革は本当の意味で実を結ばないのではないか。

２０１５年４月

「慰安婦報道」関連　参考記事・資料

【参考記事1】

1982年9月2日付朝刊（大阪本社版）

朝鮮の女性　私も連行
元動員指揮者が証言
暴行加え無理やり
37年ぶり　危機感で沈黙破る

関東大震災の混乱の中で、多数の朝鮮人が虐殺されて五十九年目の一日夜、大阪で催された「旧日本軍の侵略を考える市民集会」で、かつて朝鮮人の強制連行の指揮に当たった動員部長が、悲惨な「従軍慰安婦狩り」の実態を証言した。戦後もずっと語られることなく葬られてきた朝鮮人慰安婦の歴史、それをいま、「戦争で中国にいた日本軍兵士で朝鮮人慰安婦と接触しなかった人は一人もいなかったでしょう」と重い口を開く姿に、約五百人の参加者はしんとして聴き入った。

＊

この人は東京都文京区千石四丁目、吉田清治さん（六八）。昭和十七年秋、朝鮮人の徴用を目的に発足した「山口県労務報国会下関支部」の動員部長に就任した。以後三年間、十数回にわたり朝鮮半島に行った。直接指揮して日本に強制連行した朝鮮人は約六千人、うち九百五十人が従軍慰安婦だったという。

この日、大阪・浪速解放会館での集会で演壇に立った吉田さんは「体験したことだけお話しします」といって切り出した。

「朝鮮人慰安婦は皇軍慰問女子挺（てい）身隊という名で戦線に送り出しました。当時、われわれは『徴用』といわず『狩り出し』という言葉を使っていました」。そして十八年の初夏の一週間に済州島で二百人の若い朝鮮人女性を「狩り出した」時の状況が再現された。

朝鮮人男性の抵抗に備えるため完全武装の日本兵十人が同行した。集落を見つけると、まず兵士が包囲する。続いて吉田さんの部下九人が一斉に突入する。若い女性の手をねじあげ路地にひきずり出す。こうして女性たちはつぎつぎにホロのついたトラックに押し込められた。連行の途中、兵士たちがホロの中に飛び込んで集団暴行した。ボタン工場で働いていた女子工員、海岸でアワビを採っていた若い海女……。連日、手当たり次第の「狩り出し」が続いた。

「泣き叫ぶというような生やさしいものではない。船に積み込まれる時には、全員がうつろな目をして廃人のようになっていた」

約一時間、淡々と、ときに苦悩の色をにじませながら話す吉田さんは「かわいそうだ、という感情はなかった。徹底した忠君愛国の教育を受けていたわれわれには、当時、朝鮮民族に対する罪の意識を持っていなかった」と声をふりしぼった。

教科書問題にも吉田さんは触れた。「戦後の日本の歴史教科書はこうした事実がいっさい書かれてこなかった。というより、その教科書を改め、戦前の教育に逆行する動きさえあるじゃないですか」。低血圧で時々目まいがするという吉田さんに三十七年間の沈黙を破らせたのは、こうした歴史の逆流傾向に対する危機感だという。

【参考記事2】

1983年11月10日付朝刊

「ひと」
朝鮮人を強制連行した謝罪碑を
韓国に建てる　吉田清治さん

全国から励ましの手紙や電話が相次いでいる。同じ戦争加害の意識に悩んでいた人、「強制連行、初めて知りました」という中学三年生……。

「でもね、美談なんかではないんです。二人の息子が成人し、自分も社会の一線を退いた。もうそんなにダメージはないだろう、みたいなものを見定めて公表に踏み切ったんです」

大学卒業後、旧満州国吏員から中華航空に転じた。身元チェックの甘さから、朝鮮人の社会主義者を飛行機に乗せる結果になったことなどが利敵行為に問われる。軍法会議で懲役二年。出獄後、下関の親類宅に身を寄せると、特高警察から「罪のつぐないに、労務報国会で働け」と迫られた。

下関は関釜連絡船の玄関口。正規の徴用はもちろん、「実家に仕送りができる」とブローカーにだまされた若者たちが次々に送り込まれてくる。しかし、内務省からは「人員払底の時局がら、取り締まるな」の密命。貨車で炭鉱や土木現場へ送り込んだ。

炭鉱では、逃亡を図った主謀者が木刀でなぶり殺される現場に出くわした。

教科書問題で文部省は「当時は朝鮮半島は日本であり、国民徴用令に沿ったもの」と弁明。この春には旧朝鮮総督府の幹部らが当時のダム建設の記録をまとめた。大会社の重役などに収まるこの人たちは「日本は朝鮮の近代化に貢献した」と、吉田さんを前に胸を張った、という。

「国家による人狩り、としかいいようのない徴用が、わずか三十数年で、歴史のヤミに葬られようとしている。戦争責任を明確にしない民族は、再び同じ過ちを繰り返すのではないでしょうか」

（清田　治史記者）

【参考記事3】

1983年12月24日付朝刊

たった一人の謝罪　強制連行の吉田さん　韓国で「碑」除幕式

【ソウル二十三日＝清田特派員】第二次大戦中に起きた韓国・朝鮮人強制連行の全容は依然解明されていないが、当時山口県労務報国会動員部長として、その一端にかかわった体験を本に書いた吉田清治さん（七一）＝東京都品川区［以下住所略］＝がその印税を投じて建てた「謝罪の碑」が韓国・天安市にでき、二十三日除幕式が行われた。式に出席した韓国人関係者は吉田さん個人の志は理解しながらも、責任を回避し続けている日本政府の姿勢に対するやり場のない怒りをぶつけた。日本に連行されたあとサハリンに連れていかれ今も無国籍のまま次々と死んでいっている、と涙で訴える家族もあった。

謝罪碑は韓国海外同胞のための国立墓地「望郷の丘」の最奥部に眠る無縁仏六千余柱の合葬墓団地の入り口につくられた。除幕式の司会は、東京地裁で進行中の樺太残留韓国人帰還訴訟の原告団が属す中蘇離散家族会（本部・大邱市、四万三千人）。

「私は戦前数多くのあなた方を強制連行した張本人です。すでに三十八年の歳月が流れ、私一人だけのおわびではありますが、自責の念で死ぬにも死ねない気持ちでやってまいりました」。祈りのあと、吉田さんは一語一語をかみしめ、建立の趣旨を話し、「あなたは日本の侵略戦争のために徴用され、強制連行されて、強制労働の屈辱と苦難のなかで家族を思い、望郷の念もむなしく貴い命を奪われました…」と碑文を読み上げた。

式のあと、参加者約三十人は無念の思いを口々に吉田さんに訴えた。「吉田さん。あなたの行為はよくわかります。勇気ある行為だと思います。でも日本政府は戦後三十八年間何をしてくれたのですか」

ソウルに引き揚げる途中、吉田さんは「韓国の皆さんの無念の気持ちが言葉に表現できないほど深いものであることを痛感させられました。戦争の加害責任をせめて自分の子どもや孫だけには語り継いでいただきたい」と語った。

吉田さんは、国家総動員体制の下で軍需工場や炭鉱などで働く労働力確保のためつくられた報国会の一員として、自分が指揮しただけで女子てい身隊九百五十人を含め六千人を徴用した。強制連行の実態を隠すため敗戦のとき関係書類は焼却命令が出されたが、吉田さんは謝罪の意を込めてその体験記を書いた。「朝鮮人慰安婦と日本人」と「私の戦争犯罪」として、出版されている。

メモ

大韓赤十字社などの調べでは、一九三九年から四五年の敗戦までの間に日本が「徴用」「募集」名目で強制連行した韓国・朝鮮人は七十二万余人。うち「女子てい身隊」名目で前線に送られた慰安婦は五―七万人にのぼるといわれる。このうち約三分の一が敗戦までに死亡したと推定されている。現在、サハリンには四万三千人余りの韓国・朝鮮人が残留しており、韓国への帰国を「無国籍」で待ち望んでいる老人たちが二千数百人にのぼるとされている。

【参考記事4】

1991年8月11日付朝刊（大阪本社版）

思い出すと今も涙　元朝鮮人従軍慰安婦　戦後半世紀　重い口開く　韓国の団体聞き取り

【ソウル10日＝植村隆】日中戦争や第二次大戦の際、「女子挺（てい）身隊」の名で戦場に連行され、日本軍人相手に売春行為を強いられた「朝鮮人従軍慰安婦」のうち、一人がソウル市内に生存していることがわかり、「韓国挺身隊問題対策協議会」（尹貞玉・共同代表、十六団体約三十万人）が聞き取り作業を始めた。同協議会は十日、女性の話を録音したテープを朝日新聞記者に公開した。テープの中で女性は「思い出すと今でも身の毛がよだつ」と語っている。体験をひた隠しにしてきた彼女らの重い口が、戦後半世紀近くたって、やっと開き始めた。

＊

尹代表らによると、この女性は六十八歳で、ソウル市内に一人で住んでいる。最近になって、知人から「体験を伝えるべきだ」と勧められ、「対策協議会」を訪れた。メンバーが聞き始めると、しばらく泣いた後で話し始めたという。

女性の話によると、中国東北部で生まれ、十七歳の時、だまされて慰安婦にされた。二、三百人の部隊がいる中国南部の慰安所に連れて行かれた。慰安所は民家を使っていた。五人の朝鮮人女性がおり、一人に一室が与えられた。女性は「春子」（仮名）と日本名を付けられた。一番年上の女性が日本語を話し、将校の相手をしていた。残りの四人が一般の兵士二、三百人を受け持ち、毎日三、四人の相手をさせられたという。

「監禁されて、逃げ出したいという思いしかなかった。相手が来ないように思いつづけた」という。また週に一回は軍医の検診があった。数カ月働かされたが、逃げることができ、戦後になってソウルへ戻った。結婚したが夫や子供も亡くなり、現在は生活保護を受けながら、暮らしている。

女性は「何とか忘れて過ごしたいが忘れられない。あの時のことを考えると腹が立って涙が止まらない」と訴えている。

朝鮮人慰安婦は五万人とも八万人ともいわれるが、実態は明らかでない。尹代表らは「この体験は彼女だけのものでなく、あの時代の韓国女性たちの痛みなのです」と話す。九月からは事務所内に、挺身隊犠牲者申告電話を設置する。

昨年十月には三十六の女性団体が、挺身隊問題に関して海部首相に公開書簡を出すなど、韓国内でも関心が高まり、十一月に「同協議会」が結成された。十日には、「韓国放送公社」（KBS）の討論番組でも、挺身隊問題が特集された。

【参考記事5】

1991年12月25日付朝刊（大阪本社版）

手紙　女たちの太平洋戦争
かえらぬ青春　恨の半生
日本政府を提訴した
元従軍慰安婦・金学順さん
ウソは許せない　私が生き証人
関与の事実を認めて謝罪を

韓国の「太平洋戦争犠牲者遺族会」の元朝鮮人従軍慰安婦、元軍人・軍属やその遺族三十五人が今月六日、日本政府を相手に、戦後補償を求める裁判を東京地裁に起こした。慰安婦だった原告は三人。うち二人は匿名だが、金学順（キム・ハクスン）さん（六七）＝ソウル在住＝だけは実名を出し、来日した。元慰安婦が裁判を起こしたのは初めてのことだ。裁判の準備のため、弁護団と「日本の戦後責任をハッキリさせる会」（ハッキリ会）は四度にわたり韓国を訪問した。弁護士らの元慰安婦からの聞き取り調査に同行し、金さんから詳しい話を聞いた。恨（ハン）の半生を語るその証言テープを再現する。

（社会部・植村　隆）

■17歳の春

「私は満州（現中国東北部）の吉林省の田舎で生まれました。父が、独立軍の仕事を助ける民間人だったので満州にいたのです。私が生後百日位の時、父が死に、その後、母と私は平壌へ行きました。貧しくて学校は、普通学校（小学校）四年で、やめました。その後は子守をしたりして暮らしていました」

「『そこへ行けば金もうけができる』。こんな話を、地区の仕事をしている人に言われました。仕事の中身はいいませんでした。近くの友人と二人、誘いに乗りました。十七歳（数え）の春（一九三九年）でした」

「平壌駅から軍人たちと一緒の列車に乗せられ、三日間。北京を経て、小さな集落に連れて行かれました。怖かったけれど、我慢しました。真っ暗い夜でした。私と、友人は将校のような人に、中国人が使っていた空き家の暗い部屋に閉じ込められたのです。鍵（かぎ）をかけられてしまいました。しまったと思いました」

「翌朝、馬の声に気づきました。隣には三人の朝鮮人の女性がいました。その人たちから『おまえたちは、本当にばかなことをした。こんなところに来て』と言われました。逃げなければならないと思ったのですが、周りは軍人でいっぱいでした。友人と別にされ、将校に『言う通りにしろ』と言われました」

「将校は私を暗い部屋に連れて行って、『服を脱げ』と言いました。恐ろしくて、従うしかありませんでした。そのときのことはしゃべることさえ出来ません。夜明け前、目が覚めると将校が横で寝ていました。殺したかった。でも、出来ませんでした。私が連れて行かれた所は、『北支（中国北部）カッカ県テッペキチン』というところだということが後で分かりました」

■赤塀の家

「この慰安所は赤い塀の家でした。近くには民間人はいませんでした。軍と私たちだけでした。五人の女性がおりました。二十二歳で最年長のシズエは将校だけを相手にしていました。サダコ、ミヤコ、それに友人のエミコ。私はアイコと呼ばれていました。近くの部隊は三百人くらいでした。その部隊について、移動するのです」

「軍人たちは、サックをもってきました。朝八時を過ぎたら、やって来て、夜は将校が泊まることもありました。休む暇はありません。長い人でも三十分以内でした。でないと外から声がするのです。多いときは二十人以上相手することもありました。しかし、戦闘の時は、静かでした。『ダ、ダ、ダ』という銃撃の音が聞こえるときもありました。お金などはもらったこともありません」

「食べ物は軍人たちがもって来ました。米やミソ、おかずなど。台所があり、自分たちで作って食べました」

「テッペキチンには一カ月半いて、また別のところに移動しましたが、名前は覚えていません。そうこうするうちに、肺病になりました」

「ずっと逃げたいと思っていました。そんなある夜、私の部屋に、男の人が忍びこんできました。びっくりしましたが、その人は『私も朝鮮人で寝るところがなくて来た』と言いました。両替商をしているという、その人に助けてくれるように頼み、一緒に逃げました。他の人まで連れて行くような余裕はありませんでした。その年の秋のことでした」

■解放の後

「南京、蘇州などを経て、上海へ行き、その人と夫婦になりました。質屋をやり、娘と息子が生まれました。一九四六年の夏に、船で仁川へ戻り、ソウルの難民収容所に入りました。そこで娘が死にました。そのあと、ソウルで部屋を借り、私はノリ売りの商売を始め、夫は掃除夫になりました」

「夫は酒を飲むと、『お前が慰安所にいたのを助けてやったではないか』と言って、私を苦しめました。その夫も、朝鮮戦争の動乱の中で死に、息子を育てながら行商しながら生活していました。しかし、その息子も小学校四年の時に水死しました」

「生きていこうという気持ちもなくなりました。死ぬことしか考えませんでした。全羅道、慶尚道、済州道など全国を転々としました。酒やたばこをやり、人生を放棄したような生活を続けていました。十年ぐらい前に、これじゃだめだと思い始めました。ソウルに来ました。家政婦をやったお金で、小さな部屋を借りています。私の不幸は慰安所に足を踏み入れてから、始まったのです。この恨みをどこにぶつけようか。だれにも言えず苦しんでいました。今は月に米十キロと三万ウォン（約五千二百円）の生活保護を貰っています」

■募る怒り

「いくらお金をもらっても、捨てられてしまったこのからだ、取り返しがつきません。日本政府は歴史的な事実を認めて、謝罪すべきです。若い人がこの問題をわかるようにして欲しい。たくさんの犠牲者がでています、碑を建ててもらいたい。二度とこんなことは繰り返して欲しくない」

「日本政府がウソを言うのがゆるせない。生き証人がここで証言しているじゃないですか」

＊

これまで韓国に戻った元慰安婦たちは、沈黙を続けていた。ところが、昨年六月、日本政府は強制連行に関する国会で「従軍慰安婦は民間業者が連れ歩いた」など軍や政府の関与を否定する答弁をし、その後も「資料がない」などと繰り返してきた。こうしたニュースを聞いた金学順さんは、「自分が生き証人だ」と今年夏に、はじめて名乗りでた。原告三人の外にも最近、体験を公表する女性が出て来た。

一方、ハッキリ会〔電話・住所略〕も慰安婦に関する情報を集めるなど調査を続けている。

【参考記事6】

1992年1月11日付朝刊

慰安所　軍関与示す資料
防衛庁図書館に旧日本軍の通達・日誌
部隊に設置指示　募集含め統制・監督
「民間任せ」政府見解揺らぐ
参謀長名で、次官印も

日中戦争や太平洋戦争中、日本軍が慰安所の設置や、従軍慰安婦の募集を監督、統制していたことを示す通達類や陣中日誌が、防衛庁の防衛研究所図書館に所蔵されていることが十日、明らかになった。朝鮮人慰安婦について、日本政府はこれまで国会答弁の中で「民間業者が連れて歩いていた」として、国としての関与を認めてこなかった。昨年十二月には、朝鮮人元慰安婦らが日本政府に補償を求める訴訟を起こし、韓国政府も真相究明を要求している。国の関与を示す資料が防衛庁にあったことで、これまでの日本政府の見解は大きく揺らぐことになる。政府として新たな対応を迫られるとともに、宮沢首相の十六日からの訪韓でも深刻な課題を背負わされたことになる。

＊

中央大学の吉見義明教授（日本現代史）が、防衛研究所図書館に保管されていた、陸軍省と中国に派遣されていた部隊との間で交わされた極秘文書をつづった「陸支密大日記」などの資料の中から見つけた。

中国大陸に慰安所が設けられたのは一九三八年（昭和十三年）とされるが、今回見つかった資料のうち一番古い資料は同年三月四日に作成され、陸支密大日記にとじ込まれていた「軍慰安所従業婦等募集に関する件」と題する「副官より北支方面軍および中支派遣軍参謀長あて通牒（つうちょう＝現在の通達）案」。

日本国内で慰安婦を募集する際、業者などがトラブルを起こして警察ざたになるなどしたため、陸軍省兵務課が作成、派遣軍などに通達された。「募集などに当たっては、派遣軍が統制し、これに任ずる人物の選定を周到適切にし、実施に当たっては関係地方の憲兵および警察当局との連携を密にして軍の威信保持上ならびに社会問題上遺漏なきよう配慮」（カタカナ書きの原文を平がなにするなど現代文に直した）するよう指示、後に参謀総長になった梅津美治郎陸軍次官や高級副官ら担当者が承認の印を押している。

さらに、同年七月に作成された歩兵第四十一連隊の陣中日誌には、B4判の用紙三枚に、各部隊に慰安所設置を求める北支那方面軍参謀長名の通牒の写しがつづられている。占領地域内で、交通網の破壊など治安回復が進まないのは、住民に対する強姦（ごうかん）事件などの不法行為が反日感情を高め、軍の作戦を阻害しているため、とし、「すみやかに性的慰安の設備を整え……」と慰安所の設置を指示している。

また、三九年の陸支密大日記の「戦時旬報（後方関係）」の中に、波集団（広東を中心とした第二十一軍）司令部が「慰安所の状況」を報告した資料がある。「慰安所は所管警備隊長および憲兵隊長監督のもとに警備地区内将校以下のために開業」したとし、「近来各種慰安設備の増加とともに軍慰安所は逐次衰微の徴あり」と、少なくなったとはいえ軍の慰安所があったことを認めている。

これらの資料のほとんどは、戦後、連合軍に押収され、米国のワシントンで保管されていたが、五八年に日本に返還され、防衛庁の戦史資料室に引き渡された。

従軍慰安婦問題については、政府は九〇年六月の参院予算委員会で、「民間の業者がそうした方々を軍とともに連れて歩いている」と答弁。その後の答弁でも、国の関与を認めてこなかった。

■軍関与は明白　謝罪と補償を

吉見義明・中央大教授の話　軍の慰安所が設けられたのは、上海戦から南京戦にかけて強姦事件が相次いだためといわれ、三八年の通牒類は、これと時期的に符合する。当時、軍の部隊や支隊単位で慰安婦がどれだけいたかもわかる資料で、軍が関与していたことは明々白々。元慰安婦が証言をしている現段階で「関与」を否定するのは、恥ずべきだろう。日韓協定で、補償の請求権はなくなったというが、国家対国家の補償と個人対国家の補償は違う。慰安婦に対しては、謝罪はもとより補償をすべきだと思う。

■朝鮮人限定の指示で未報告

防衛庁防衛研究所図書館の永江太郎資料専門官の話

こういうたぐいの資料があるという認識はあった。しかし、昨年暮れに政府から調査するよう指示があったが、「朝鮮人の慰安婦関係の資料」と限定されていたため、報告はしていない。軍がこれらの慰安所を統制していたと解釈してよいが、「軍が関与した」と解釈するかどうかはコメントできない。

■多くは朝鮮人女性

従軍慰安婦　一九三〇年代、中国で日本軍兵士による強姦事件が多発したため、反日感情を抑えるのと性病を防ぐために慰安所を設けた。元軍人や軍医などの証言によると、開設当初から約八割が朝鮮人女性だったといわれる。太平洋戦争に入ると、主として朝鮮人女性を挺身（ていしん）隊の名で強制連行した。その人数は八万とも二十万ともいわれる。

【参考記事7】

1992年1月23日付夕刊

従軍慰安婦（「窓」論説委員室から）

吉田清治さんは、昭和十七年、朝鮮人を徴用するために設けられた「山口県労務報国会下関支部」の動員部長になった。

以後三年間、強制連行した朝鮮人の数は男女約六千人にのぼるという。

韓国の報道機関から「もし、わが国の国会で証言してほしいという要請があれば、どうしますか」と聞かれたとき、こう答えた。

「私は最も罪深いことをしました。証言しろといわれれば、韓国の国民、国会に対して謝罪し、そして何でも答える義務がある。その立場を自覚していますから」

記憶のなかで、特に心が痛むのは従軍慰安婦の強制連行だ。

吉田さんと部下、十人か十五人が朝鮮半島に出張する。総督府の五十人、あるいは百人の警官といっしょになって村を包囲し、女性を道路に追い出す。木剣を振るって若い女性を殴り、けり、トラックに詰め込む。

一つの村から三人、十人と連行して警察の留置所に入れておき、予定の百人、二百人になれば、下関に運ぶ。女性たちは陸軍の営庭で軍属の手に渡り、前線へ送られていった。吉田さんらが連行した女性は、少なくみても九百五十人はいた。

「国家権力が警察を使い、植民地の女性を絶対に逃げられない状態で誘拐し、戦場に運び、一年二年と監禁し、集団強姦（ごうかん）し、そして日本軍が退却する時には戦場に放置した。私が強制連行した朝鮮人のうち、男性の半分、女性の全部が死んだと思います」

吉田さんは七十八歳である。

「遺言として記録を残しておきたい」と、六十歳を過ぎてから、体験を書き、話してきた。

東京に住んでいたころは時折、旧軍人の団体や右翼が自宅に押しかけてきて、大声を出したりした。近所の人が驚いて一一〇番したこともある。

マスコミに吉田さんの名前が出れば迷惑がかかるのではないか。それが心配になってたずねると、吉田さんは腹がすわっているのだろう、明るい声で「いえいえ、もうかまいません」といった。〈畠〉

【参考記事8】
1992年3月3日付夕刊

歴史のために（「窓」　論説委員室から）

従軍慰安婦を強制連行した吉田清治さんの告白が、この欄（一月二十三日付）で紹介された。その後、たくさんの投書をいただいた。

去年、本紙と朝日放送が協力して進めた年間企画「女たちの太平洋戦争」にも、投書が相次いだ。担当者と話していて気づいたことがある。それは、日本軍の残虐行為はなかったとか、公表するなとかいう人の論拠には、共通する型がある、ということだ。

①そんなことは見たことも聞いたこともない。軍律、兵隊の心情にてらしても、それはありえない。もし事実だとしても、それは例外で、一般化するのは不当である。なかには自己顕示欲や誇張癖のために、ゆがめられた話もあるだろう。

②自虐的に自国の歴史を語るな。子孫たちが祖国への誇りを失ってしまう。それに、戦争が庶民を犠牲にすることは分かりきっている。過去を語っても無益。早く忘れよう。

③日本軍の残虐行為を知ったら、遺族は、わが父、兄弟も加わったかと苦しむだろう。そのつらさを考えよ。また、戦友は祖国のために命を捨てた。英霊を冒涜（ぼうとく）するな。

以上のように主張したい人々の気持ちはよくわかる。だれにも理屈だけでは動きたくない情というものがある。しかし、それだけでいいのか。自問せざるをえない。

朝日放送が投稿をもとにドラマを制作し、昨年末、朝日系列テレビ各局が放送した。劇中、高等女学校の生徒たちが兵隊の褌（ふんどし）を洗う場面があった。たちまち、抗議の手紙、電話である。

「帝国軍人が、女学生に褌を洗わせるなどということは、断じてない」

大阪府下に住む投稿者が、母校に保存されていた学校日誌で記憶を確認した。

「陸軍需品支廠（しょう）ヨリ依頼ノ軍用褌、洗濯作業開始」

知りたくない、信じたくないことがある。だが、その思いと格闘しないことには、歴史は残せない。〈畠〉

朝鮮半島出身者のいわゆる従軍慰安婦問題に関する加藤内閣官房長官発表（加藤談話）

平成4年7月6日

朝鮮半島出身のいわゆる従軍慰安婦問題については、昨年12月より関係資料が保管されている可能性のある省庁において政府が同問題に関与していたかどうかについて調査を行ってきたところであるが、今般、その調査結果がまとまったので発表することとした。調査結果については配布してあるとおりであるが、私から要点をかいつまんで申し上げると、慰安所の設置、慰安婦の募集に当たる者の取締り、慰安施設の築造・増強、慰安所の経営・監督、慰安所・慰安婦の衛生管理、慰安所関係者への身分証明書等の発給等につき、政府の関与があったことが認められたということである。調査の具体的結果については、報告書に各資料の概要をまとめてあるので、それをお読み頂きたい。なお、詳しいことは後で内閣外政審議室から説明させるので、何か内容について御質問があれば、そこでお聞きいただきたい。

政府としては、国籍、出身地の如何を問わず、いわゆる従軍慰安婦として筆舌に尽くし難い辛苦をなめられた全ての方々に対し、改めて衷心よりお詫びと反省の気持ちを申し上げたい。また、このような過ちを決して繰り返してはならないという深い反省と決意の下に立って、平和国家としての立場を堅持するとともに、未来に向けて新しい日韓関係及びその他のアジア諸国、地域との関係を構築すべく努力していきたい。

この問題については、いろいろな方々のお話を聞くにつけ、誠に心の痛む思いがする。このような辛酸をなめられた方々に対し、我々の気持ちをいかなる形で表すことができるのか、各方面の意見も聞きながら、誠意をもって検討していきたいと考えている。

【参考記事9】
1992年7月7日付朝刊

「慰安婦」政府関与認める　調査結果公表　強制連行は否定　補償の代替措置検討

政府は六日、従軍慰安婦問題に関して進めていた調査結果を公表、これに基づき、慰安所の設置や経営・監督、慰安所関係者への身分証明書の発給などの点で、政府が直接関与していたことを初めて公式に認めた。加藤紘一官房長官は同日の記者会見で、強制連行を裏付ける資料はなかったとしたが、韓国をはじめ、中国、台湾、フィリピン出身などの元慰安婦に対する日本政府としての謝罪の意を表明した。政府は今年一月、旧日本軍が従軍慰安婦の募集を監督していたことを示す資料が、防衛庁内から発見されたことをきっかけに「旧軍の関与」を認めてきたが、さらに幅広い資料をもとに「政府の関与」を認めたものだ。

＊

加藤長官は、韓国内からの補償要求については、すでに決着ずみとしながらも、同時に謝罪の「気持ち」を表す措置を検討すると表明した。政府は、元慰安婦の生活保障のための基金設立など、補償に代わる新たな措置を来年度予算に計上するため、関係省庁で調整を始めた。

韓国政府は三日、聞き取り調査の結果として七十四人の元慰安婦が確認されたと発表したが、日本政府は「発見された資料の中に名簿類はなかった」とし、今後も聞き取り調査はしない方針だ。

朝鮮人女性の強制連行を示す資料の有無について、加藤長官は「募集のしかたについて、資料は発見されていない」と述べ、政府としてはその事実を確認できなかったことを強調した。また、同長官は、調査の結論はあくまで「資料に基づいて判断したい」と語り、強制連行についても、政府が保有している以外の資料からその有無を判断することは好ましくないとの見解を示した。

六日公表された調査結果によると、アジア各地からの旧日本軍の外国人慰安婦には、朝鮮、中国、台湾、フィリピンのほか、インドネシア女性もいたことが分かった。政府は、国交のない朝鮮民主主義人民共和国（北朝鮮）を除く各国と台湾当局に対し、同日までに、外務省を通じ結果の概要を伝えた。

政府の公表資料によると、この中には、①軍占領地で「日本軍人が住民の女性を強姦（ごうかん）するなどして反日感情が高まっているため、慰安施設を整備する必要がある」という内容の軍の指令②軍の威信を保持するため、慰安婦の募集に当たる人の人選を適切に行うよう求める指令③慰安施設の築造、増強のために兵員の提供を求める命令④部隊ごとの慰安所の利用日時の指定、料金のほか、軍医の慰安婦に対する定期的な性病検査を定めた「慰安所規定」⑤慰安所開設のための渡航には、軍の証明書が必要とした文書――などが含まれている。

「政府の関与」の判断は、これらを根拠として行われた。

戦後半世紀近くを経た最近まで「関与」を否定し続けてきた日本政府の責任について、加藤長官は、問題が「戦争という常識を超えた行為」のなかで起きたことであり「正確に認識するのに一定の時間がかかった」と説明するにとどめた。

調査は、防衛、外務、厚生、警察など六省庁がそれぞれの保存文書のなかから関係資料をさがした。その結果、労働省、警察庁を除く四省庁から、計百二十七件の資料が発見されたとしている。

■戦後外交の見直し必要

〈解説〉従軍慰安婦についての調査結果の公表と、元慰安婦への「措置」の検討表明によって、日本政府は一月の日韓首脳会談での約束を一応果たした。しかし、調査や謝罪はあくまでも「終わりではなく、始まり」である。戦後半世紀近くを経て、ようやくこうした事実を認知した日本外交のありかたを根本から問い返さない限り、宮沢喜一首相がめざす「アジア重視」の足場も、確かなものとはならない。

補償について政府は「一九六五年の日韓請求権・経済協力協定で完全かつ最終的に決着した」という立場を崩さない。慰安婦問題で補償すれば、朝鮮人労働者強制連行問題をはじめ、広範囲に及ぶ可能性があり、戦後処理政策全体の見直しにもなりかねないからだ。

これまでの戦後補償としては、日本の軍人・軍属として負傷・戦死した元台湾人兵士の本人と遺族（計二万八千人）への一律二百万円の「弔慰金・見舞金」支給、韓国人被爆者に対する四十億円の「韓国人被爆者救護基金」の創設だけ。サハリン残留韓国・朝鮮人問題も九二年度予算に調査費がついたが、具体的な措置はまだ決まっていない。

いずれの場合も、日本政府が自主的に決めたものでなく、当事者の訴訟や、相手国政府からの要求が発端となった。慰安婦問題も「集団訴訟がなく、資料の発見がなければ対応はもっと遅れただろう」という見方が、政府部内にさえある。

ドイツは国家間の賠償のほかに、被害を与えた外国人らに対して五〇年代以降、約七兆円の補償を支払い、なお払い続けている。国連安全保障理事会の常任理事国入りに意欲を示し、アジアへの政治的影響力を強めようとする日本政府は、まずこうした日独の違いを深く考え直す必要がある。

（渡辺　勉）

慰安婦関係調査結果発表に関する河野内閣官房長官談話（河野談話）

平成5年8月4日

いわゆる従軍慰安婦問題については、政府は、一昨年12月より、調査を進めて来たが、今般その結果がまとまったので発表することとした。

今次調査の結果、長期に、かつ広範な地域にわたって慰安所が設置され、数多くの慰安婦が存在したことが認められた。慰安所は、当時の軍当局の要請により設営されたものであり、慰安所の設置、管理及び慰安婦の移送については、旧日本軍が直接あるいは間接にこれに関与した。慰安婦の募集については、軍の要請を受けた業者が主としてこれに当たったが、その場合も、甘言、強圧による等、本人たちの意思に反して集められた事例が数多くあり、更に、官憲等が直接これに加担したこともあったことが明らかになった。また、慰安所における生活は、強制的な状況の下での痛ましいものであった。

なお、戦地に移送された慰安婦の出身地については、日本を別とすれば、朝鮮半島が大きな比重を占めていたが、当時の朝鮮半島は我が国の統治下にあり、その募集、移送、管理等も、甘言、強圧による等、総じて本人たちの意思に反して行われた。

いずれにしても、本件は、当時の軍の関与の下に、多数の女性の名誉と尊厳を深く傷つけた問題である。政府は、この機会に、改めて、その出身地のいかんを問わず、いわゆる従軍慰安婦として数多の苦痛を経験され、心身にわたり癒しがたい傷を負われたすべての方々に対し心からお詫びと反省の気持ちを申し上げる。また、そのような気持ちを我が国としてどのように表すかということについては、有識者のご意見なども徴しつつ、今後とも真剣に検討すべきものと考える。

われわれはこのような歴史の真実を回避することなく、むしろこれを歴史の教訓として直視していきたい。われわれは、歴史研究、歴史教育を通じて、このような問題を永く記憶にとどめ、同じ過ちを決して繰り返さないという固い決意を改めて表明する。

なお、本問題については、本邦において訴訟が提起されており、また、国際的にも関心が寄せられており、政府としても、今後とも、民間の研究を含め、十分に関心を払って参りたい。

【参考記事10】

1993年8月5日付朝刊

慰安婦「強制」認め謝罪
「総じて意に反した」
調査結果政府公表
募集など甘言・強圧

政府は四日、朝鮮半島出身者を中心とする戦時中のいわゆる従軍慰安婦問題について続けてきた調査の結果を公表した。政府は昨年七月に、慰安所の経営などに当時の政府が関与したことを認めており、今回の調査は慰安婦募集の「強制性」が焦点だった。報告書はこの点について「本人の意向に反して」集められるケースが数多くあったとの表現で強制があったことを認めた。また、同時に発表した河野洋平官房長官談話は、慰安所における生活について「強制的な状況の下での痛ましいものであった」と言及、「強制」という言葉を盛り込んだ。

＊

宮沢内閣は五日総辞職するが、この問題をめぐる日韓間の感情的しこりが拡大するのを避けたいとの配慮から、宮沢内閣の責任で踏み込み、かなり率直に「強制」を認めた。韓国政府は今回の発表をおおむね評価しており、日韓両政府間では、これで決着との立場をとるものと見られる。今後は日本側が打ち出した「補償に代わる措置」の具体化が課題となる。ただ韓国内にはまだ不十分とする向きが強く、元慰安婦たちの日本政府に補償を求める動きは今後も強まりそうだ。

今回の調査は、昨年の調査結果公表で「強制連行を裏付ける資料はなかった」としたことに韓国内などで反発の声が上がり、韓国政府も「真相究明」を求めたことから、継続して行っていた。先月末にはソウルで元慰安婦十六人からも聞き取り調査した。

報告書のうち「慰安婦の募集」の項は、こうした聞き取り調査と新たに見つけた資料約百件をもとにまとめたもので、「軍当局の要請を受けた経営者の依頼により斡旋（あっせん）業者らが当たることが多かった」としたうえで、「業者らがあるいは甘言を弄（ろう）し、あるいは畏怖（いふ）させる等の形で本人たちの意向に反して集めるケースが数多く、更に、官憲等が直接これに加担する等のケースもみられた」と記述した。

官房長官談話はこれを踏まえたものだが、さらに一歩踏み込み、慰安婦の募集や移送、管理などが、甘言、強圧によるなど「総じて本人たちの意思に反して行われた」と述べて、募集だけでなく全般的に強制があったことを認めた。

そのうえで「心身にわたり癒（いや）しがたい傷を負われたすべての方々に対し心からお詫（わ）びと反省の気持ちを申し上げる」と、日本政府として改めて謝罪。また「われわれはこのような歴史の真実を回避することなく、むしろこれを歴史の教訓として直視していきたい」と述べ、歴史教育などを通じて「永く記憶にとどめ、同じ過ちを決して繰り返さない」との決意を表明した。

報告書は「募集」のほか、「慰安所設置の経緯」「慰安婦の出身地」「慰安所の経営及び管理」などについてもまとめているが、昨夏発表したのとほとんど同じ内容。

ただ「出身地」でこれまで挙げていた日本、朝鮮半島、中国、台湾、フィリピン、インドネシアのほかに、軍事裁判記録から明らかになったオランダを加えた。

河野官房長官は談話を発表した記者会見で、慰安婦問題に関する調査はこれで終了するのかとの問いに「われわれが考えていた調査はこれで終わった。しかし、新たなものが出てくれば（調査再開を）排除しない」と述べた。

【参考記事11】

1994年9月1日付朝刊

元慰安婦「国民参加」で解決
戦後50周年へ取り組み
首相が談話　民間募金を念頭に

村山富市首相は三十一日、来年の戦後五十周年に向けて、対外的な戦後処理問題への取り組みをまとめた談話を発表した。懸案の従軍慰安婦問題では、元慰安婦に対する個人補償は行わないとの政府方針を維持しつつ、「幅広い国民参加の道を探求していきたい」と表明。民間募金による元慰安婦への「見舞金」構想を念頭に解決策を探る考えを示した。アジア近隣諸国などを対象とした全体的な施策としては①歴史図書・資料の収集や研究者支援を行う歴史研究支援事業②対話と相互理解を促進する交流事業――を二本柱とする「平和友好交流計画」を発足させ、来年度から十年間で一千億円規模の事業を展開する方針を明らかにした。

＊

談話は五十嵐広三官房長官が三十一日夕の記者会見で発表した。「平和友好交流計画」の各事業は、村山政権発足前から政府内でほぼ固まっていた内容で、首相としては従軍慰安婦問題などへの対応で、「社会党色」を打ち出したい考えだ。しかし、民間募金構想には国内調整が残されているほか、個人補償を求める元従軍慰安婦ら関係者が反発しており、調整は難航しそうだ。

従軍慰安婦問題について首相は、政府として元慰安婦に対する個人補償は行わない、との方針を踏襲せざるを得ないと判断。これを受けて五十嵐官房長官らが、民間募金を原資として元慰安婦に「見舞金」などの名目で一時金を贈る構想を検討している。

だが、外務省などから①支援対象となる元慰安婦をどう特定するのか②どれくらい民間募金が集まるのか――などの疑問点が指摘されており、談話で具体的構想を打ち出すには至らなかった。

一方、「平和友好交流計画」の具体策では、「アジア歴史資料センター」の設立を検討する考えを示したほか、計画とは別枠で、政府の途上国援助（ODA）で女性の職業訓練のためのセンター設置などを盛り込み、従軍慰安婦問題に関連して女性の地位向上や福祉面での国際協力に取り組む姿勢を強調した。

戦後処理で長年の懸案となっていた在サハリン韓国人永住帰国問題や台湾住民に対する未払い給与や軍事郵便貯金など確定債務問題についても早期解決を約束した。

首相は同日夕、従軍慰安婦問題で「国民参加」をうたったことについて、首相官邸で記者団に、「国民全体が反省すべきところは反省し、歴史の節目で互いに見つめ直してともによくしようということも大事だ」と語った。

「戦後50周年の終戦記念日にあたって」
（村山談話）

平成7年8月15日

先の大戦が終わりを告げてから、50年の歳月が流れました。今、あらためて、あの戦争によって犠牲となられた内外の多くの人々に思いを馳せるとき、万感胸に迫るものがあります。

敗戦後、日本は、あの焼け野原から、幾多の困難を乗りこえて、今日の平和と繁栄を築いてまいりました。このことは私たちの誇りであり、そのために注がれた国民の皆様1人1人の英知とたゆみない努力に、私は心から敬意の念を表わすものであります。ここに至るまで、米国をはじめ、世界の国々から寄せられた支援と協力に対し、あらためて深甚な謝意を表明いたします。また、アジア太平洋近隣諸国、米国、さらには欧州諸国との間に今日のような友好関係を築き上げるに至ったことを、心から喜びたいと思います。

平和で豊かな日本となった今日、私たちはややもすればこの平和の尊さ、有難さを忘れがちになります。私たちは過去のあやまちを2度と繰り返すことのないよう、戦争の悲惨さを若い世代に語り伝えていかなければなりません。とくに近隣諸国の人々と手を携えて、アジア太平洋地域ひいては世界の平和を確かなものとしていくためには、なによりも、これらの諸国との間に深い理解と信頼にもとづいた関係を培っていくことが不可欠と考えます。政府は、この考えにもとづき、特に近現代における日本と近隣アジア諸国との関係にかかわる歴史研究を支援し、各国との交流の飛躍的な拡大をはかるために、この2つを柱とした平和友好交流事業を展開しております。また、現在取り組んでいる戦後処理問題についても、わが国とこれらの国々との信頼関係を一層強化するため、私は、ひき続き誠実に対応してまいります。

いま、戦後50周年の節目に当たり、われわれが銘記すべきことは、来し方を訪ねて歴史の教訓に学び、未来を望んで、人類社会の平和と繁栄への道を誤らないことであります。

わが国は、遠くない過去の一時期、国策を誤り、戦争への道を歩んで国民を存亡の危機に陥れ、植民地支配と侵略によって、多くの国々、とりわけアジア諸国の人々に対して多大の損害と苦痛を与えました。私は、未来に誤ち無からしめんとするが故に、疑うべくもないこの歴史の事実を謙虚に受け止め、ここにあらためて痛切な反省の意を表し、心からのお詫びの気持ちを表明いたします。また、この歴史がもたらした内外すべての犠牲者に深い哀悼の念を捧げます。

敗戦の日から50周年を迎えた今日、わが国は、深い反省に立ち、独善的なナショナリズムを排し、責任ある国際社会の一員として国際協調を促進し、それを通じて、平和の理念と民主主義とを押し広めていかなければなりません。同時に、わが国は、唯一の被爆国としての体験を踏まえて、核兵器の究極の廃絶を目指し、核不拡散体制の強化など、国際的な軍縮を積極的に推進していくことが肝要であります。これこそ、過去に対するつぐないとなり、犠牲となられた方々の御霊を鎮めるゆえんとなると、私は信じております。

「杖るは信に如くは莫し」と申します。この記念すべき時に当たり、信義を施政の根幹とすることを内外に表明し、私の誓いの言葉といたします。

【参考記事12】
1997年3月31日付朝刊

従軍慰安婦　消せない事実
政府や軍の深い関与、明白

四月から中学校で使われる歴史の教科書に、旧日本軍の従軍慰安婦についての記述が登場する。それをきっかけに、従軍慰安婦問題が注目されている。

従軍慰安婦とは、その名の通り、戦争中に軍隊とともにあって、兵士たちの性欲のはけ口にさせられた女性たちのことだ。慰安婦の出身地は日本や朝鮮半島だけでなく、現在の中国や台湾、フィリピン、インドネシア、オランダなどにも及び、その実態は地域や時期によってさまざまだ。その徴集（募集）から移送、管理まで政府や日本軍が深く関与したことに否定の余地はない。

問題の本質を突きつめていけば、日本軍の体質はもちろん、植民地政策、そしてあの戦争の意味まで問い直される。戦場で繰り返される女性への重大な人権侵害は、現代に通じる問題でもある。

重要なのは、何より歴史的な事実だ。まず日本軍の慰安婦をめぐる事実関係を整理する。

（従軍慰安婦問題取材班）

■戦後、長く問題置き去り　新学期から教科書に

〈経緯〉従軍慰安婦の存在については、戦後、雑誌に公表された手記などで触れられていたが、そのほとんどは兵士らの体験談や伝聞の域を出なかった。元慰安婦や軍関係者の証言を発掘した千田夏光氏の「従軍慰安婦」（一九七三年）などが話題を呼んだことはあったものの、日本の社会は長く、この問題に正面から向き合うことはなかった。

　マスメディアで繰り返し取り上げられるようになったのは、韓国人の元慰安婦らが九一年末、日本政府に補償を求める訴えを東京地裁に起こした前後からだ。とくに、原告の金学順（キム・ハクスン）さんがテレビや新聞に実名で登場し、その体験が大きな反響を呼んだ。

　戦時中に山口県労務報国会下関支部にいた吉田清治氏は八三年に、「軍の命令により朝鮮・済州島で慰安婦狩りを行い、女性二百五人を無理やり連行した」とする本を出版していた。慰安婦訴訟をきっかけに再び注目を集め、朝日新聞などいくつかのメディアに登場したが、間もなく、この証言を疑問視する声が上がった。

　済州島の人たちからも、氏の著述を裏付ける証言は出ておらず、真偽は確認できない。吉田氏は「自分の体験をそのまま書いた」と話すが、「反論するつもりはない」として、関係者の氏名などデータの提供を拒んでいる。

　政府の見解も吉田氏の証言をよりどころとしたものではない。九二年一月、加藤官房長官（当時）は政府として初めて「軍の関与」を認めた。これは直前に防衛庁の防衛研究所図書館で日本軍が慰安所の設置などを監督、統制していたことを示す通達や陣中日誌が発見されたのを受けたものだった。河野官房長官（当時）の九三年八月の談話も、政府資料や韓国人元慰安婦の証言などを総合的に判断した結果だった。

　九七年四月から中学校で使われる歴史教科書七冊すべてに慰安婦の記述が登場することになった。検定結果が発表された直後の九六年夏ごろから、一部の日刊紙や月刊誌でこれらの教科書に「反日的」などという批判が加えられ始めた。政府見解も「謝罪外交」と批判された。

■人権の観点が必要　本人意思に反し自由侵害

〈強制性〉教科書を批判する人たちの多くは「強制」の意味を事実上、軍や官憲による「強制連行」に限定した上で、強制連行を示す資料がないと強調する。

　しかし、このように意味を絞っても「強制連行」の事例は公文書に記録として残されている。日本占領下のジャワ島スマラン（現インドネシア）では、強制的に抑留所に入れられたオランダ人女性のうち二十五人が軍の指示で「欺まん、暴力、脅迫」によって慰安所に連行されたとするバタビア軍事法廷（オランダによるBC級戦犯裁判）の判決が九二年に公表された。これに対しては「例外的事件」などという反論があったが、インドネシアや東ティモールでこのほかにも、軍による現地の女性の「強制連行」を示す資料があった。

　具体的な体験が公表されている元従軍慰安婦約百四十人の証言を分析してみると、占領地の中国、フィリピン、インドネシア、マレーシアでは約八割の人が「連行の際に何らかの強制があった」と話しているのに対して、植民地だった朝鮮、台湾ではこの比率は約二割にとどまる。植民地に比べると、占領地では軍などがかなり乱暴な集め方をした傾向がうかがわれる。

　朝鮮、台湾では、「だまされた」と話している人が多い。軍による強制連行を直接示す公的文書も見つかっていない。当時の植民地の人々は大日本帝国の「臣民」とされ、建前としては「人身の自由」などを定めた帝国憲法の保護を受けた。甘言などによって自ら契約を結んだ形を整えた事例も多い、という見方がある。

「強制」を「強制連行」に限定する理由はない。強制性が問われるのは、いかに元慰安婦の「人身の自由」が侵害され、その尊厳が踏みにじられたか、という観点からだ。

「よい仕事がある」とだまされて応募した女性が強姦され、本人の意思に反して慰安所で働かされたり、慰安所にとどまることを物理的、心理的に強いられていたりした場合は強制があったといえる。

　一方で、当時、公娼（こうしょう）制度があったとして「慰安婦は売春婦で、していることは商行為にあたる」などとする論者もいる。しかし、三一年の満州事変の少し前から廃娼を決議する県議会が続出、秋田県など十数県が公娼制度をやめていた。

　また、「親が娘を売っただけだ」とする主張もあるが、大審院（現在の最高裁）は「人身売買」を認めていたわけではない。借金を理由に働くことを強要してはならないとしていた。

■「無理やり」を認める供述

〈徴集（募集）〉従軍慰安婦はだれが、どのように集めたのか。

　軍が徴集（募集）にかかわっていたことを裏付ける資料は、政府が一九九二年に公表した公文書の中にも含まれていた。例えば、内地での募集にトラブルがあったことを受けて、陸軍省副官が中国大陸に駐留している軍隊の参謀長あてに出した「軍慰安所従業婦等募集に関する件」（三八年三月）という通牒（つうちょう）に、①募集は派遣軍が統制し、担当者の人選を周到にする②募集する地域の憲兵と警察当局と連携を密にすること、という記述がある。

　募集の仕方を分析すると、①前借金でしばる②「よい仕事がある」などとだます③軍の威圧のもとに脅す④誘拐・拉致、などのケースがある。①や②の事例があったことは広く認められているが、最近は強制的募集の極限的な姿である、軍や官憲による「強制連行」の有無を問う主張が出てきている。

　国立国会図書館所蔵の極東国際軍事裁判（東京裁判）の関係資料を調べたところ、日本軍人の戦争犯罪を立証するための尋問調書などが見つかった。

　モア島（現インドネシア）指揮官だった日本陸軍中尉が、連合国のオランダ軍の取り調べの中で、「現地在住の女性を無理やり慰安婦にした」と供述している（四六年一月）。次のような問答があった。

問　ある証人はあなたが婦女たちを強姦（ごうかん）し、その婦人たちは兵営へ連れて行かれ、日本人たちの用に供せられたと言いましたがそれは本当ですか。

答　私は兵隊たちのために娼家（しょうか＝売春宿）を一軒設け、私自身もこれを利用しました。

問　婦女たちはその娼家に行くことを快諾しましたか。

答　ある者は快諾し、ある者は快諾しませんでした。

問　幾人女がそこに居りましたか。

答　六人です。

問　その女たちの中、幾人が娼家に入るように強いられましたか。

答　五人です。

問　どうしてそれらの婦女たちは娼家に入るよう強いられたのですか。

答　彼らは憲兵隊を攻撃した者の娘たちでありました。

問　ではその婦女たちは父親たちのした事の罰として娼家に入るよう強いられたのですね。

答　左様です。

　モア島のすぐ西にあるチモール島のポルトガル領（現東ティモール）では、進駐した日本軍が、地元の首長に慰安婦募集への協力を強要していた。その様子を目撃したポルトガル人の医院事務員が証言している（四六年六月）。

「私は日本人が酋長（しゅうちょう）に原住民の女の子たちを娼家に送る事を強要した多くの場所を知っています。彼らはもしも酋長が女の子たちを送らないなら、彼ら即ち日本人が酋長の家に行って彼らの近親の女たちをこの目的で連れ去ると言って脅迫しました」

　オランダ領東インド（現インドネシア）における慰安婦募集の状況については、オランダ政府が九四年一月にまとめた調査報告書の中に書かれている。

　ボルネオ島では、海軍が慰安所を直接管理し、「特警隊（憲兵隊に相当）が慰安婦を集める責任を負っていた」という。

　アジア各地に広がった慰安婦の総数については、資料がない。六万人とも二十万人とも言われるが、実態は不明だ。

■「指示」「便宜」文書残る

〈輸送・移動〉従軍慰安婦は占領地などで集められると同時に、日本国内や当時植民地だった朝鮮、台湾から戦場に送りこまれた。

　慰安婦の輸送や移動に軍や国が関与していたことは、政府がこれまでに発表した当時の公文書でも明白だ。

　小笠原諸島の父島にあった要塞（ようさい）司令部は一九四二年、東部軍参謀部と慰安婦の輸送人数や日程を打ち合わせた。「陣中日誌」にそのやりとりが残されている。

「慰安婦は出発準備完了しある由、何日頃（ごろ）出発せしめて可なりや」

「設備完了次第報告、（中略）五月中旬の予定」

　昨年十二月、警察庁から初めて慰安婦関係の文書が出てきた。その「支那渡航婦女に関する件伺」（三八年十一月）によると、内務省警保局は五府県に、慰安所設置に必要な婦女を業者を使って集めるよう指示。計約四百人を中国南部に送るよう通知し、その輸送については次のように述べている。

「内地（日本）より台湾高雄まで抱主（経営者）の費用をもって陰に連行し、同地よりは大体、御用船に便乗、現地に向かわしむる」

　渡航手続きにも政府機関が便宜を図っていた。中国に渡るためには領事館警察署の発行する「渡支事由証明書」が必要だった四〇年九月。部隊長と憲兵分遣隊長の証明書をもち、慰安婦六人を連れて台湾から中国に入ろうとしていた経営者らについて、台湾総督府は「本件慰安所従業員の渡航は急を要するものなるにつき」、特別に許可するように通知した。六人の女性は十四―十八歳だった。

　日米開戦後まもない四二年一月、南方とよばれたアジア・太平洋地域に渡る慰安婦、経営者らの扱いについて外務大臣が回答した文書もある。

「この種渡航者に対しては、（旅券でなく）軍の証明書により渡航せしめられたし」

　外務省はもともと慰安婦の渡航に消極的だった。この時期以降、軍が勝手に送り出せるようになったとみられる。

■軍が民営に物資、直営も

〈設置・管理〉「将校以下の慰安施設を次の通り作りたり。北支百ケ、中支百四十、南支四十、南方百、南海十、樺太十、計四百ケ所」

四二年九月、陸軍省人事局恩賞課長が中国、アジア・太平洋地域などでの方面ごとの設置数を会合で発言したことが、医事課長の業務日誌に残されている。このころには陸軍省自体が慰安所開設の前面に出てきたことがうかがえる。

軍が直営した慰安所もあった（中国にいた独立攻城重砲兵第二大隊長の三八年一月の状況報告）。民営の慰安所でも、軍はその管理に深く関与し、実際には軍が経営しているのと同一視できるようなケースも目につく。

戦時中、海軍の軍政地域だったオランダ領東インドのセレベス島では、海軍大尉や陸軍中佐が慰安所の維持責任者を務めた例がある。このほか、民間人が責任者でも、軍が食料や化粧品などを提供している慰安所も多かった（四六年、「セレベス民政部第二復員班員復員に関する件報告」）。

軍が作成した慰安所の「利用規定」は相当数、文書で残されている。兵士の階級によって利用時間や料金を決め、性病予防の方法などを決めていた。売上高を毎月、駐屯地司令部に報告させていた例もある。

このように軍が慰安所管理に深くかかわったのは、兵士による強姦を防ぎ、性病を予防するという目的だった、と参謀長や軍医の記録にあるが、そういう効果があったかどうかははっきりしない。

管理される側の慰安婦は、どんな状況の下に暮らしていたのか。

連合国軍がビルマで捕虜にした経営者、朝鮮人慰安婦に尋問してまとめた報告（四四年）では、一カ月三百―千五百円の稼ぎを得て、五〇―六〇％は経営者の取り分だった。「都会では買い物も許された」という。

一方で、慰安婦たちが厳しい条件、監視の下に置かれたことを示す文書もある。東京裁判に提出された証拠資料の中に、ボルネオ島の慰安所状況について、オランダ軍が作成した報告書があった。

「日本人と以前から関係のあった婦人たちは、鉄条網の張りめぐらされたこれらの性慰安所に強制収容されました。彼女らは特別な許可を得た場合に限り、街に出ることができたのでした。慰安所をやめる許可は守備隊司令からもらわねばなりませんでした」（四六年七月）

日本軍側の文書からも女性を管理下に置いた状況は分かる。フィリピンの軍政監部ビサヤ支部イロイロ出張所は、利用規定で、慰安婦の外出を厳重に取り締まることを定めた。「慰安婦散歩は毎日午前八時より午前十時」と明文化し、散歩できる区域も地図つきで示していた。

こうして慰安婦たちは兵士や将校の相手をさせられた。日本政府を相手どって訴訟を起こしている金学順（キム・ハクスン）さんの訴状では、「少ないときで一日十人、多いときで三十人」だったという。

【参考記事13】
2014年8月5日付朝刊

慰安婦問題の本質　直視を

編集担当・杉浦　信之

日韓関係はかつてないほど冷え込んでいます。混迷の色を濃くしている理由の一つが、慰安婦問題をめぐる両国の溝です。

この問題は1990年代初めにクローズアップされ、元慰安婦が名乗り出たのをきっかけに議論や研究が進みました。戦争の時代に、軍の関与の下でアジア各地に慰安所が作られ、女性の尊厳と名誉が深く傷つけられた実態が次第に明らかになりました。

それから20年余、日本軍の関与を認めて謝罪した「河野談話」の見直しなどの動きが韓国内の反発を招いています。韓国側も、日本政府がこれまで示してきた反省やおわびの気持ちを受け入れず、かたくなな態度を崩そうとしません。

慰安婦問題が政治問題化する中で、安倍政権は河野談話の作成過程を検証し、報告書を6月に発表しました。一部の論壇やネット上には、「慰安婦問題は朝日新聞の捏造《ねつぞう》だ」といういわれなき批判が起きています。しかも、元慰安婦の記事を書いた元朝日新聞記者が名指しで中傷される事態になっています。読者の皆様からは「本当か」「なぜ反論しない」と問い合わせが寄せられるようになりました。

＊

私たちは慰安婦問題の報道を振り返り、今日と明日の紙面で特集します。読者への説明責任を果たすことが、未来に向けた新たな議論を始める一歩となると考えるからです。97年3月にも慰安婦問題の特集をしましたが、その後の研究の成果も踏まえて論点を整理しました。

慰安婦問題に光が当たり始めた90年代初め、研究は進んでいませんでした。私たちは元慰安婦の証言や少ない資料をもとに記事を書き続けました。そうして報じた記事の一部に、事実関係の誤りがあったことがわかりました。問題の全体像がわからない段階で起きた誤りですが、裏付け取材が不十分だった点は反省します。似たような誤りは当時、国内の他のメディアや韓国メディアの記事にもありました。

　こうした一部の不正確な報道が、慰安婦問題の理解を混乱させている、との指摘もあります。しかし、そのことを理由とした「慰安婦問題は捏造」という主張や「元慰安婦に謝る理由はない」といった議論には決して同意できません。

　被害者を「売春婦」などとおとしめることで自国の名誉を守ろうとする一部の論調が、日韓両国のナショナリズムを刺激し、問題をこじらせる原因を作っているからです。見たくない過去から目を背け、感情的対立をあおる内向きの言論が広がっていることを危惧します。

　戦時中、日本軍兵士らの性の相手を強いられた女性がいた事実を消すことはできません。慰安婦として自由を奪われ、女性としての尊厳を踏みにじられたことが問題の本質なのです。

　90年代、ボスニア紛争での民兵による強姦《ごうかん》事件に国際社会の注目が集まりました。戦時下での女性に対する性暴力をどう考えるかということは、今では国際的に女性の人権問題という文脈でとらえられています。慰安婦問題はこうした今日的なテーマにもつながるのです。

＊

「過去の歴史を直視し、正しくこれを後世に伝えるとともに、いわれなき暴力など女性の名誉と尊厳に関わる諸問題にも積極的に取り組んでいかなければならないと考えております」

官民一体で作られた「アジア女性基金」が元慰安婦に償い金を渡す際、歴代首相はこんな一節も記した手紙を添えました。

　歴史認識をめぐる対立を超え、和解へ向けて歩を進めようとする政治の意思を感じます。

　来年は戦後70年、日韓国交正常化50年の節目を迎えますが、東アジアの安全保障環境は不安定さを増しています。隣国と未来志向の安定した関係を築くには慰安婦問題は避けて通れない課題の一つです。私たちはこれからも変わらない姿勢でこの問題を報じ続けていきます。

【参考記事14】

2014年8月5日付朝刊

慰安婦問題を考える：上
慰安婦問題　どう伝えたか
読者の疑問に答えます

　朝日新聞の慰安婦報道に寄せられた様々な疑問の声に答えるために、私たちはこれまでの報道を点検しました。その結果を読者の皆様に報告します。（慰安婦問題取材班）

■慰安婦問題とは

Q　慰安婦とは何か。

A　戦時中、日本軍の関与の下で作られた慰安所で、将兵の性の相手を強いられた女性。政府は1993年8月に河野洋平官房長官が発表した談話（河野談話）で「当時の軍の関与の下に多数の女性の名誉と尊厳を深く傷つけた問題」と指摘した。

Q　どんな人々が慰安婦にされたのか。

A　日本本土（内地）の日本人のほか、日本の植民地だった朝鮮半島や台湾出身者も慰安婦にされた。日本軍の侵攻に伴い中国、フィリピン、ビルマ（現ミャンマー）、マレーシアなど各地で慰安所が作られ、現地女性も送り込まれた。オランダの植民地だったインドネシアでは現地女性のほか、現地在住のオランダ人も慰安婦とされた。政府は38年、日本女性が慰安婦として中国へ渡る場合は「売春婦である21歳以上の者」を対象とするよう通達した。21歳未満の女性や児童の人身売買や売春を禁じた「婦人及び児童の売買禁止条約」のためとみられる。ただ政府は25年に条約を批准した際、植民地を適用除外とした。このため植民地や占領地では売春婦でない未成年女子も対象となった。朝鮮からは17歳、台湾からは14歳の少女が慰安婦とされたとの記録がある。

Q　何人くらいいたのか。

A　総数を示す公式記録はなく、研究者の推計しかない。現代史家の秦郁彦氏は93年に6万～9万人と推計し、99年に2万人前後と修正。吉見義明・中央大教授（日本近現代史）は95年に5万～20万人と推計し、最近は5万人以上と改めた。韓国や中国ではさらに多い数字をあげる人もいる。

Q　慰安所はいつ、どんな経緯で作られたのか。

A　満州事変の翌年、32年の上海事変で日本兵が中国人女性を強姦《ごうかん》する事件が起きたため、反日感情の高まりを防ぐためとして九州から軍人・軍属専用の慰安婦団を招いたとの記録がある。その後、性病蔓延《まんえん》による戦力低下や機密漏洩《ろうえい》の防止、軍人の慰安のためなどの理由が加わった。

Q　どのようにして集められたのか。

A　多くの場合、軍の意向を受けた業者がまず日本国内で、さらに植民地の朝鮮や台湾で集めた。「仕事がある」とだまされたり、親に身売りされたりした場合も多いことがわかっている。

　一方、フィリピンやインドネシアなど占領地では、日本軍が直接暴力的に連行したとの記録もある。フィリピン政府の2002年の報告書によると、同国で日本軍は、現地の女性を暴力的に拉致・連行して日本軍の兵営とされた教会や病院に監禁し、集団で強姦を続けた事例もあったという。

Q　慰安婦の暮らしは？

A　アジア女性基金のサイトでは「(慰安所で)兵士は代金を直接間接に払っていたのはたしかですが、慰安婦にされた人々にどのように渡されていたかははっきりしません」と記す。戦況や場所により処遇にばらつきもあったことが推定される。政府は93年、河野談話とあわせて調査結果を発表し「戦地では常時軍の管理下で軍とともに行動させられ、自由もない生活を強いられた」と説明している。

Q　慰安婦問題が国内で知られるようになった経緯は。

A　戦後まもない時期から兵士の体験談や手記で触れられていた。70年6月、作家の故千田夏光氏が週刊新潮で「慰安婦にさせられた」という女性や旧軍関係者の聞き取りを紹介。73年にルポ「従軍慰安婦」を刊行した。当時はまだ戦時下の秘史という扱いだった。

Q　日韓間の問題として認識されたいきさつは。

A　90年1月、尹貞玉《ユンジョンオク》・梨花女子大教授が韓国ハンギョレ新聞に「挺身隊《ていしん》『怨念の足跡』取材記」の題で慰安婦問題の記事を連載。5月の盧泰愚《ノテウ》大統領訪日をきっかけに、植民地時代の朝鮮半島で日本の軍人・軍属とされた韓国人らから日本に謝罪と補償を求める声が高まった。

■強制連行　自由を奪われた強制性あった

〈疑問〉政府は、軍隊や警察などに人さらいのように連れていかれて無理やり慰安婦にさせられた、いわゆる「強制連行」を直接裏付ける資料はないと説明しています。強制連行はなかったのですか。

＊

　慰安婦問題に注目が集まった1991～92年、朝日新聞は朝鮮人慰安婦について、「強制連行された」と報じた。吉田清治氏の済州島での「慰安婦狩り」証言(次項で説明)を強制連行の事例として紹介したほか、宮沢喜一首相の訪韓直前の92年1月12日の社説「歴史から目をそむけまい」で「(慰安婦は)『挺身隊《ていしん》』の名で勧誘または強制連行され」たと表現した。

　当時は慰安婦関係の資料発掘が進んでおらず、専門家らも裏付けを欠いたままこの語を使っていた。秦郁彦氏も80年代半ば、朝鮮人慰安婦について「強制連行に近い形で徴集された」と記した＝注①。

　もともと「朝鮮人強制連行」は、一般的に、日本の植民地だった朝鮮の人々を戦時中、その意思とは関係なく、政府計画に基づき、日本内地や軍占領地の炭鉱や鉱山などに労働者として動員したことを指していた＝注②。60年代に実態を調べた在日朝鮮人の研究者が強制連行と呼び＝注③＝、メディアにも広がった経緯もあり、強制連行は使う人によって定義に幅がある。

　こうした中、慰安婦の強制連行の定義も、「官憲の職権を発動した『慰安婦狩り』ないし『ひとさらい』的連行」に限定する見解＝注④＝と、「軍または総督府が選定した業者が、略取、誘拐や人身売買により連行」した場合も含むという考え方＝注⑤＝が研究者の間で今も対立する状況が続いている。

　朝鮮半島でどのように慰安婦が集められたかという過程は、元慰安婦が名乗り出た91年以降、その証言を通して次第に明らかになっていく。

　93年2月、「韓国挺身隊問題対策協議会」は、元慰安婦約40人のうち「信憑性《しんぴょうせい》に自信が持てる」(鄭鎮星《チョンジンソン》・挺身隊研究会会長)19人の聞き取りを編んだ証言集を刊行。「軍人や軍属らによる暴力」があったと語ったのは4人で、多くは民間業者が甘い言葉で誘ったり、だまして連れて行ったりする誘拐との内容だった。

　慰安婦たちは、徴集の形にかかわらず、戦場で軍隊のために自由を奪われて性行為を強いられ、暴力や爆撃におびえ性病や不妊などの後遺症に苦しんだ経験を語っていた。

　93年8月に発表された宮沢政権の河野洋平官房長官談話(河野談話)は、「慰安所の生活は強制的な状況で痛ましいものだった」「募集、移送、管理等も、甘言、強圧による等、総じて本人たちの意思に反して行われた」と認めた。関係省庁や米国立公文書館などで日本政府が行った調査では、朝鮮半島では軍の意思で組織的に有形力の行使が行われるといった「狭い意味の強制連行」は確認されなかったといい、談話は「強制連行」ではなく、戦場の慰安所で自由意思を奪われた「強制」性を問題とした。

談話発表に先立つ7月には、ソウルの太平洋戦争犠牲者遺族会事務所で、日本政府が元慰安婦たちに聞き取りをした。今年6月に発表された河野談話作成過程の検証チーム報告は、聞き取りの目的について「元慰安婦に寄り添い、気持ちを深く理解する」とし、裏付け調査などを行わなかったことを指摘した。

河野談話の発表を受け、朝日新聞は翌日の朝刊1面で「慰安婦『強制』認め謝罪　『総じて意に反した』」の見出しで記事を報じた。読売、毎日、産経の各紙は、河野談話は「強制連行」を認めたと報じたが、朝日新聞は「強制連行」を使わなかった。

官房長官への取材を担当していた政治部記者（51）は、専門家の間でも解釈が分かれていることなどから「強制連行」とせず単に「強制」という言葉を使ったのだと思う、と振り返る。「談話や会見、それまでの取材から読み取れたのは、本人の意思に反する広い意味での強制連行を認めたということだった。しかし、強制連行という語を使うと読者の誤解を招くと考え、慎重な表現ぶりになった」

93年以降、朝日新聞は強制連行という言葉をなるべく使わないようにしてきた。

97年春に中学教科書に慰安婦の記述が登場するのを機に、朝日新聞は同年3月31日朝刊でこの問題を特集した。

日本の植民地下で、人々が大日本帝国の「臣民」とされた朝鮮や台湾では、軍による強制連行を直接示す公的文書は見つかっていない。貧困や家父長制を背景に売春業者が横行し、軍が直接介入しなくても、就労詐欺や人身売買などの方法で多くの女性を集められたという。一方、インドネシアや中国など日本軍の占領下にあった地域では、兵士が現地の女性を無理やり連行し、慰安婦にしたことを示す供述が、連合軍の戦犯裁判などの資料に記されている。インドネシアでは現地のオランダ人も慰安婦にされた。

97年の特集では「本人の意思に反して慰安所にとどまることを物理的に強いられたりした場合は強制があったといえる」と結論づけた。

河野談話が発表されて以降、現在の安倍内閣も含めて歴代の政権は談話を引き継いでいる。一方、日本軍などが慰安婦を直接連行したことを示す日本政府の公文書が見つかっていないことを根拠に、「強制連行はなかった」として、国の責任が全くなかったかのような主張を一部の政治家や識者が繰り返してきた。

朝鮮など各地で慰安婦がどのように集められたかについては、今後も研究を続ける必要がある。だが、問題の本質は、軍の関与がなければ成立しなかった慰安所で女性が自由を奪われ、尊厳が傷つけられたことにある。

これまで慰安婦問題を報じてきた朝日新聞の問題意識は、今も変わっていない。

＊

注①『従軍慰安婦（正続）』陸軍史研究会編「日本陸軍の本　総解説」（自由国民社、1985年）

注② 外村大『朝鮮人強制連行』（岩波新書、2012年）

注③ 朴慶植『朝鮮人強制連行の記録』（未来社、1965年）

注④ 秦郁彦「『慰安婦狩り』証言　検証・第三弾　ドイツの従軍慰安婦問題」「諸君！」1992年9月号

注⑤ 吉見義明「『河野談話』をどう考えるか――その意義と問題点」「戦争と女性への暴力」リサーチ・アクションセンター編『「慰安婦」バッシングを越えて』（大月書店、2013年）

＊

◇読者のみなさまへ

日本の植民地だった朝鮮や台湾では、軍の意向を受けた業者が「良い仕事がある」などとだまして多くの女性を集めることができ、軍などが組織的に人さらいのように連行した資料は見つかっていません。一方、インドネシアなど日本軍の占領下にあった地域では、軍が現地の女性を無理やり連行したことを示す資料が確認されています。共通するのは、女性たちが本人の意に反して慰安婦にされる強制性があったことです。

■「済州島で連行」証言　裏付け得られず虚偽と判断

〈**疑問**〉日本の植民地だった朝鮮で戦争中、慰安婦にするため女性を暴力を使って無理やり連れ出したと著書や集会で証言した男性がいました。朝日新聞は80年代から90年代初めに記事で男性を取り上げましたが、証言は虚偽という指摘があります。

＊

男性は吉田清治氏。著書などでは日雇い労働者らを統制する組織である山口県労務報国会下関支部で動員部長をしていたと語っていた。

朝日新聞は吉田氏について確認できただけで16回、記事にした。初掲載は82年9月2日の大阪本社版朝刊社会面。大阪市内での講演内容として「済州島で200人の若い朝鮮人女性を『狩り出した』」と報じた。執筆した大阪社会部の記者（66）は「講演での話の内容は具体的かつ詳細で全く疑わなかった」と話す。

90年代初め、他の新聞社も集会などで証言する吉田氏を記事で取り上げていた。

92年4月30日、産経新聞は朝刊で、秦郁彦氏による済州島での調査結果を元に証言に疑問を投げかける記事を掲載。週刊誌も「『創作』の疑い」と報じ始めた。

東京社会部の記者（53）は産経新聞の記事の掲載直後、デスクの指示で吉田氏に会い、裏付けのための関係者の紹介やデータ提供を要請したが拒まれたという。

97年3月31日の特集記事のための取材の際、吉田氏は東京社会部記者（57）との面会を拒否。虚偽ではないかという報道があることを電話で問うと「体験をそのまま書いた」と答えた。済州島でも取材し裏付けは得られなかったが、吉田氏の証言が虚偽だという確証がなかったため、「真偽は確認できない」と表記した。その後、朝日新聞は吉田氏を取り上げていない。

しかし、自民党の安倍晋三総裁が2012年11月の日本記者クラブ主催の党首討論会で「朝日新聞の誤報による吉田清治という詐欺師のような男がつくった本がまるで事実かのように日本中に伝わって問題が大きくなった」と発言。一部の新聞や雑誌が朝日新聞批判を繰り返している。

今年4～5月、済州島内で70代後半～90代の計約40人に話を聞いたが、強制連行したという吉田氏の記述を裏付ける証言は得られなかった。

干し魚の製造工場から数十人の女性を連れ去ったとされる北西部の町。魚を扱う工場は村で一つしかなく、経営に携わった地元男性（故人）の息子は「作っていたのは缶詰のみ。父から女性従業員が連れ去られたという話は聞いたことがない」と語った。「かやぶき」と記された工場の屋根は、韓国の当時の水産事業を研究する立命館大の河原典史教授（歴史地理学）が入手した当時の様子を記録した映像資料によると、トタンぶきとかわらぶきだった。

93年6月に、吉田氏の著書をもとに済州島を調べたという韓国挺身隊研究所元研究員の姜貞淑《カンジョンスク》さんは「数カ所でそれぞれ数人の老人から話を聞いたが、記述にあるような証言は出なかった」と語った。

吉田氏は著書で、43年5月に西部軍の動員命令で済州島に行き、その命令書の中身を記したものが妻（故人）の日記に残っていると書いていた。しかし、今回、吉田氏の長男（64）に取材したところ、妻は日記をつけていなかったことがわかった。吉田氏は00年7月に死去したという。

吉田氏は93年5月、吉見義明・中央大教授らと面会した際、「（強制連行した）日時や場所を変えた場合もある」と説明した上、動員命令書を写した日記の提示も拒んだといい、吉見氏は「証言としては使えないと確認するしかなかった」と指摘している＝注①。

戦時中の朝鮮半島の動員に詳しい外村大・東京大准教授は、吉田氏が所属していたという労務報国会は厚生省と内務省の指示で作られた組織だとし、「指揮系統からして軍が動員命令を出すことも、職員が直接朝鮮に出向くことも考えづらい」と話す。

吉田氏はまた、強制連行したとする43年5月当時、済州島は「陸軍部隊本部」が「軍政を敷いていた」と説明していた。この点について、永井和・京都大教授（日本近現代史）は旧陸軍の資料から、済州島に陸軍の大部隊が集結するのは45年4月以降だと指摘。「記述内容は事実とは考えられない」と話した。

＊

注①　吉見義明・川田文子編「『従軍慰安婦』をめぐる30のウソと真実」（大月書店、1997年）

＊

◇読者のみなさまへ

吉田氏が済州島で慰安婦を強制連行したとする証言は虚偽だと判断し、記事を取り消します。当時、虚偽の証言を見抜けませんでした。済州島を再取材しましたが、証言を裏付ける話は得られませんでした。研究者への取材でも証言の核心部分についての矛盾がいくつも明らかになりました。

■「軍関与示す資料」　本紙報道前に政府も存在把握

〈疑問〉朝日新聞が1992年1月11日朝刊1面で報じた「慰安所　軍関与示す資料」の記事について、慰安婦問題を政治問題化するために、宮沢喜一首相が訪韓する直前のタイミングを狙った「意図的な報道」などという指摘があります。

＊

この記事は、防衛庁防衛研究所図書館所蔵の公文書に、旧日本軍が戦時中、慰安所の設置や慰安婦の募集を監督、統制していたことや、現地の部隊が慰安所を設置するよう命じたことを示す文書があったとの内容だった。

慰安婦問題は90年以来、国会で繰り返し質問された。政府は「全く状況がつかめない状況」と答弁し、関与を認めなかった。朝日新聞の報道後、加藤紘一官房長官は「かつての日本の軍が関係していたことは否定できない」と表明。5日後の1月16日、宮沢首相は訪韓し、盧泰愚《ノテウ》大統領との首脳会談で「反省、謝罪という言葉を8回使った」（韓国側発表）。

文書は吉見義明・中央大教授が91年12月下旬、防衛研究所図書館で存在を確認し、面識があった朝日新聞の東京社会部記者（57）に概要を連絡した。記者は年末の記事化も検討したが、文書が手元になく、取材が足らないとして見送った。吉見教授は年末年始の休み明けの92年1月6日、図書館で別の文書も見つけ、記者に伝えた。記者は翌7日に図書館を訪れて文書を直接確認し、撮影。関係者や専門家に取材し、11日の紙面で掲載した。

政府の河野談話の作成過程の検証報告書によると、記者が図書館を訪れたのと同じ92年1月7日、軍関与を示す文書の存在が政府に報告されている。政府は91年12月以降、韓国側から「慰安婦問題が首相訪韓時に懸案化しないよう、事前に措置を講じるのが望ましい」と伝達され、関係省庁による調査を始めていた。

現代史家の秦郁彦氏は著書「慰安婦と戦場の性」で、この報道が首相訪韓直前の「奇襲」「不意打ち」だったと指摘。「情報を入手し、発表まで2週間以上も寝かされていたと推定される」と記している。一部新聞も、この報道が発端となり日韓間の外交問題に発展したと報じた。

しかし、記事が掲載されたのは、記者が詳しい情報を入手してから5日後だ。「国が関与を認めない中、軍の関与を示す資料の発見はニュースだと思い、取材してすぐ記事にした」と話す。また、政府は報道の前から文書の存在を把握し、慰安婦問題が訪韓時の懸案となる可能性についても対応を始めていた。

記事で紹介した文書の一つは、陸軍省副官名で38年に派遣軍に出された通達。日本国内で慰安婦を募集する際、業者が「軍部の了解がある」と言って軍の威信を傷つけ、警察に取り調べを受けたなどとして、業者を選ぶ際に、憲兵や警察と連絡を密にして軍の威信を守るよう求めていた。

西岡力・東京基督教大教授（韓国・北朝鮮地域研究）は著書「よくわかる慰安婦問題」で「業者に違法行為をやめさせようとしたもの。関与は関与でも『善意の関与』」との解釈を示した。

これに対し、永井和・京都大教授は「善意の関与」との見方を否定する。永井教授が着目するのは、同時期に内務省が警保局長名で出した文書。慰安婦の募集や渡航を認めたうえで、「軍の了解があるかのように言う者は厳重に取り締まること」という内容だった。

永井教授は、業者が軍との関係を口外しないよう取り締まることを警察に求めたものと指摘。そのうえで、朝日新聞が報じた陸軍省の文書については、著書「日中戦争から世界戦争へ」で「警察が打ち出した募集業者の規制方針、すなわち慰安所と軍＝国家の関係の隠蔽《いんぺい》化方針を、軍司令部に周知徹底させる指示文書」との見方を示している。

92年1月11日の朝日新聞記事に関し、短文の用語説明で、慰安婦について「主として朝鮮人女性を挺身《ていしん》隊の名で強制連行した。その人数は8万とも20万ともいわれる」と記述したことにも、「挺身隊」と「慰安婦」を混同した、などの批判がある（両者の混同については次の項で説明）。慰安婦の人数に関しても議論があるが、公式記録はなく、研究者の推計しかない（右ページの「慰安婦問題とは」の中で説明）。

＊

◇読者のみなさまへ

記事は記者が情報の詳細を知った5日後に掲載され、宮沢首相の訪韓時期を狙ったわけではありません。政府は報道の前から資料の存在の報告を受けていました。韓国側からは91年12月以降、慰安婦問題が首相訪韓時に懸案化しないよう事前に措置を講じるのが望ましいと伝えられ、政府は検討を始めていました。

＊

■「挺身隊」との混同　当時は研究が乏しく同一視

〈疑問〉朝鮮半島出身の慰安婦について朝日新聞が1990年代初めに書いた記事の一部に、「女子挺身《ていしん》隊」の名で戦場に動員された、という表現がありました。今では慰安婦と女子挺身隊が別だということは明らかですが、なぜ間違ったのですか。

「女子挺身隊」とは戦時下の日本内地や旧植民地の朝鮮・台湾で、女性を労働力として動員するために組織された「女子勤労挺身隊」を指す。44年8月の「女子挺身勤労令」で国家総動員法に基づく制度となったが、それまでも学校や地域で組織されていた。朝鮮では終戦までに、国民学校や高等女学校の生徒ら多くて約4千人が内地の軍需工場などに動員されたとされる＝注①。目的は労働力の利用であり、将兵の性の相手をさせられた慰安婦とは別だ。

だが、慰安婦問題がクローズアップされた91年当時、朝日新聞は朝鮮半島出身の慰安婦について「第2次大戦の直前から『女子挺身隊』などの名で前線に動員され、慰安所で日本軍人相手に売春させられた」（91年12月10日朝刊）、「太平洋戦争に入ると、主として朝鮮人女性を挺身隊の名で強制連行した。その人数は8万とも20万ともいわれる」（92年1月11日朝刊）と書くなど両者を混同した。

原因は研究の乏しさにあった。当時、慰安婦を研究する専門家はほとんどなく、歴史の掘り起こしが十分でなかった。朝日新聞は、国内の工場で働いた日本人の元挺身隊員を記事で取り上げたことはあったが、朝鮮半島の挺身隊の研究は進んでいなかった。

記者が参考文献の一つとした「朝鮮を知る事典」（平凡社、86年初版）は、慰安婦について「43年からは〈女子挺身隊〉の名の下に、約20万の朝鮮人女性が労務動員され、そのうち若くて未婚の5万〜7万人が慰安婦にされた」と説明した。執筆者で朝鮮近代史研究者の宮田節子さんは「慰安婦の研究者は見あたらず、既刊の文献を引用するほかなかった」と振り返る。

宮田さんが引用した千田夏光氏の著書「従軍慰安婦」は「〝挺身隊〟という名のもとに彼女らは集められたのである（中略）総計二十万人（韓国側の推計）が集められたうち〝慰安婦〟にされたのは〝五万人ないし七万人〟とされている」と記述していた。

朝鮮で「挺身隊」という語を「慰安婦」の意味で使う事例は、46年の新聞記事にもみられる。44年7月に閣議決定された朝鮮総督府官制改正の説明資料には、未婚の女性が徴用で慰安婦にされるという「荒唐無稽なる流言」が拡散しているとの記述がある。

挺身隊員が組織的に慰安婦とされた事例は確認されていないが、日本の統治権力への不信から両者を同一視し、恐れる風潮が戦時期から広がっていたとの見方がある＝注②。元慰安婦の支援団体が「韓国挺身隊問題対策協議会」を名乗っており、混同が残っているとの指摘もある。

92年1月の宮沢首相の訪韓直前、韓国の通信社が国民学校に通う12歳の朝鮮人少女が挺身隊に動員されたことを示す学籍簿が見つかったとする記事を配信。「日本は小学生までを慰安婦にした」と誤解され、対日感情が悪化した。

朝日新聞は93年以降、両者を混同しないよう努めてきた。当時のソウル支局長（72）は「挺身隊として日本の軍需工場で働いた女性たちが『日本軍の性的慰みものになった』と誤解の目で見られて苦しんでいる実態が、市民団体の聞き取りで明らかになったという事情もあった」と話す。

＊

注① 高崎宗司「『半島女子勤労挺身隊』について」デジタル記念館「慰安婦問題とアジア女性基金」

注② 藤永壮「戦時期朝鮮における『慰安婦』動員の『流言』『造言』をめぐって」松田利彦ほか編「地域社会から見る帝国日本と植民地　朝鮮・台湾・満洲」（思文閣出版、2013）

＊

◇読者のみなさまへ

女子挺身隊は、戦時下で女性を軍需工場などに動員した「女子勤労挺身隊」を指し、慰安婦とはまったく別です。当時は、慰安婦問題に関する研究が進んでおらず、記者が参考にした資料などにも慰安婦と挺身隊の混同がみられたことから、誤用しました。

■「元慰安婦　初の証言」　**記事に事実のねじ曲げない**

〈**疑問**〉元朝日新聞記者の植村隆氏は、元慰安婦の証言を韓国メディアよりも早く報じました。これに対し、元慰安婦の裁判を支援する韓国人の義母との関係を利用して記事を作り、都合の悪い事実を意図的に隠したのではないかとの指摘があります。

＊

問題とされる一つは、91年8月11日の朝日新聞大阪本社版の社会面トップに出た「思い出すと今も涙　元朝鮮人従軍慰安婦　戦後半世紀重い口開く」という記事だ。元慰安婦の一人が、初めて自身の体験を「韓国挺身隊《ていしん》問題対策協議会」（挺対協）に証言し、それを録音したテープを10日に聞いたとして報じた。植村氏は当時、大阪社会部記者で、韓国に出張。元慰安婦の証言を匿名を条件に取材し、韓国メディアよりも先んじて伝えた。

批判する側の主な論点は、①元慰安婦の裁判支援をした団体の幹部である義母から便宜を図ってもらった②元慰安婦がキーセン（妓生）学校に通っていたことを隠し、人身売買であるのに強制連行されたように書いたという点だ。

植村氏によると、8月の記事が掲載される約半年前、「太平洋戦争犠牲者遺族会」（遺族会）の幹部梁順任《ヤンスンニム》氏の娘と結婚した。元慰安婦を支援するために女性研究者らが中心となってつくったのが挺対協。一方、遺族会は戦時中に徴兵、徴用などをされた被害者や遺族らで作る団体で挺対協とは異なる別の組織だ。

取材の経緯について、植村氏は「挺対協から元慰安婦の証言のことを聞いた、当時のソウル支局長からの連絡で韓国に向かった。義母からの情報提供はなかった」と話す。元慰安婦はその後、裁判の原告となるため梁氏が幹部を務める遺族会のメンバーとなったが、植村氏は「戦後補償問題の取材を続けており、元慰安婦の取材もその一つ。義母らを利する目的で報道をしたことはない」と説明する。

8月11日に記事が掲載された翌日、植村氏は帰国した。14日に北海道新聞のソウル特派員が元慰安婦の単独会見に成功し、金学順《キムハクスン》さんだと特報。韓国主要紙も15日の紙面で大きく報じた。

植村氏は前年の夏、元慰安婦の証言を得るため韓国を取材したが、話を聞けずに帰国した経緯もあり、詳しい取材のいきさつは、朝鮮半島問題を扱う月刊誌「MI《ミ》LE《レ》」（91年11月号）に書いた。この時期、植村氏の記事への批判はまだ出ていなかった。

また、8月11日の記事で「『女子挺身隊』の名で戦場に連行され、日本軍人相手に売春行為を強いられた『朝鮮人従軍慰安婦』」などと記したことをめぐり、キーセンとして人身売買されたことを意図的に記事では触れず、挺身隊として国家によって強制連行されたかのように書いた――との批判がある。

慰安婦と挺身隊との混同については、前項でも触れたように、韓国でも当時慰安婦と挺身隊の混同がみられ、植村氏も誤用した。

元慰安婦の金さんが「14歳（数え）からキーセン学校に3年間通った」と明らかにしたのは、91年8月14日に北海道新聞や韓国メディアの取材に応じた際だった。キーセン学校は宴席での芸事を学ぶ施設だ。韓国での研究によると、学校を出て資格を得たキーセンと遊郭で働く遊女とは区別されていた。中には生活に困るなどして売春行為をしたキーセンもおり、日本では戦後、韓国での買春ツアーが「キーセン観光」と呼ばれて批判されたこともあった。

91年8月の記事でキーセンに触れなかった理由について、植村氏は「証言テープ中で金さんがキーセン学校について語るのを聞いていない」と話し、「そのことは知らなかった。意図的に触れなかったわけではない」と説明する。その後の各紙の報道などで把握したという。

金さんは同年12月6日、日本政府を相手に提訴し、訴状の中でキーセン学校に通ったと記している。植村氏は、提訴後の91年12月25日朝刊5面（大阪本社版）の記事で、金さんが慰安婦となった経緯やその後の苦労などを詳しく伝えたが、「キーセン」のくだりには触れなかった。

植村氏は「キーセンだから慰安婦にされても仕方ないというわけではないと考えた」と説明。「そもそも金さんはだまされて慰安婦にされたと語っていた」といい、8月の記事でもそのことを書いた。

金さんらが日本政府を相手に提訴した91年12月6日、別の記者が書いた記事が夕刊1面に掲載されたが、キーセンについては書いていない。その後も植村氏以外の記者が金さんを取り上げたが、キーセンの記述は出てこない。

＊

◇読者のみなさまへ

植村氏の記事には、意図的な事実のねじ曲げなどはありません。91年8月の記事の取材のきっかけは、当時のソウル支局長からの情報提供でした。義母との縁戚関係を利用して特別な情報を得たことはありませんでした。

【参考記事15】
２０１４年12月23日付朝刊

「吉田証言」巡る本社慰安婦報道

取り消しの遅れ批判　第三者委が報告
池上さんコラム掲載見送り
「前社長、実質的に判断」と認定

朝日新聞社による慰安婦報道を検証する第三者委員会（中込秀樹委員長）は22日、報告書を公表した。虚偽だった「吉田証言」の誤報を長年放置し、取り消す対応などが遅れたことを「読者の信頼を裏切るもの」と批判し、8月に過去の記事を取り消した際に謝罪をしなかったことは経営陣の誤った判断だったと指摘。ジャーナリスト池上彰さんのコラム掲載を見送ったのは、木村伊量《ただかず》前社長が掲載拒否を実質的に判断したと認定した。そのうえで、思い込みをただし、意見が分かれる問題では継続的報道の重要性を再確認するよう提言した。

＊

報告書は、戦時中に朝鮮人女性を強制連行したと証言した吉田清治氏（故人）の記事で裏付け取材を怠ったと指摘。1992年の研究者の現地調査で証言の信用性が疑問視された後も現地取材などをせず、記事の掲載を減らすような消極的対応を「ジャーナリズムのあり方として非難されるべきだ」とした。

97年3月に慰安婦問題をとり上げた特集記事では、吉田証言について「真偽は確認できない」との表現にとどめ、訂正や取り消しをせず、謝罪をしなかったことは「致命的な誤り」と指摘した。

今年8月の検証記事まで取り消しが遅れた理由として、①当事者意識の欠如②引き継ぎが十分にない③訂正・取り消しのルールが不明確④社内で活発な議論をする風土が醸成されていなかった――などを挙げた。

また、8月の検証記事については「自己弁護の姿勢が目立ち、謙虚な反省の態度も示されず、何を言わんとするのか分かりにくいものになった」と批判した。

さらに吉田証言の記事を取り消す際、木村前社長が紙面で謝罪することに反対し、最終的には経営幹部らが決めたと認定。この経営陣の判断について「事実を伝える報道機関としての役割や一般読者に向き合うという視点を欠落させた」と批判した。

池上さんの連載コラム「新聞ななめ読み」の掲載を見送った際も、「過ちは潔く謝るべきだ」と見出しがついた原稿に木村前社長が難色を示したと指摘。「掲載拒否は実質的には木村（前社長）の判断」と認定した。

また、掲載見送り後、社内外に連載中止を正式決定していないと説明していた点についても、「実質的にはその（掲載見送り）時点で打ち切りは決まっていた」「池上氏との協議内容をあまりに有利に解釈したもの」と指摘した。

慰安婦報道が国際社会に与えた影響については、三つの報告が併記された。岡本行夫、北岡伸一両委員は報告で、朝日新聞の報道が「韓国における慰安婦問題に対する過激な言説をいわば裏書きし、さらに過激化させた」などと指摘。

一方、波多野澄雄委員は報告で「朝日新聞の吉田氏に関する『誤報』が韓国メディアに大きな影響を及ぼしたとは言えない」。林香里委員は報告で「朝日新聞による吉田証言の報道、および慰安婦報道は、国際社会に対してあまり影響がなかった」とした。

第三者委は朝日新聞社への提言もまとめ、記者に向けて「萎縮することなく、社会的責任を十分自覚し、日本の健全なジャーナリズム活動を推進する原動力となっていってほしい」などと呼びかけた。

「吉田調書」関連　参考記事

【参考記事16】
2014年5月20日付朝刊1面

所長命令に違反　原発撤退
政府事故調の「吉田調書」入手
福島第一　所員の9割

東京電力福島第一原発所長で事故対応の責任者だった吉田昌郎《まさお》氏（2013年死去）が、政府事故調査・検証委員会の調べに答えた「聴取結果書」（吉田調書＝キーワード）を朝日新聞は入手した。それによると、東日本大震災4日後の11年3月15日朝、第一原発にいた所員の9割にあたる約650人が吉田氏の待機命令に違反し、10キロ南の福島第二原発へ撤退していた。その後、放射線量は急上昇しており、事故対応が不十分になった可能性がある。東電はこの命令違反による現場離脱を3年以上伏せてきた。

■ 震災4日後、福島第二へ

吉田調書や東電の内部資料によると、15日午前6時15分ごろ、吉田氏が指揮をとる第一原発免震重要棟2階の緊急時対策室に重大な報告が届いた。2号機方向から衝撃音がし、原子炉圧力抑制室の圧力がゼロになったというものだ。2号機の格納容器が破壊され、所員約720人が大量被曝《ひばく》するかもしれないという危機感に現場は包まれた。

とはいえ、緊急時対策室内の放射線量はほとんど上昇していなかった。この時点で格納容器は破損していないと吉田氏は判断した。

午前6時42分、吉田氏は前夜に想定した「第二原発への撤退」ではなく、「高線量の場所から一時退避し、すぐに現場に戻れる第一原発構内での待機」を社内のテレビ会議で命令した。「構内の線量の低いエリアで退避すること。その後異常でないことを確認できたら戻ってきてもらう」

待機場所は「南側でも北側でも線量が落ち着いているところ」と調書には記録されている。安全を確認次第、現場に戻って事故対応を続けると決断したのだ。

東電が12年に開示したテレビ会議の録画には、緊急時対策室で吉田氏の命令を聞く大勢の所員が映り、幹部社員の姿もあった。東電はこの場面を「録音していなかった」としており、吉田氏の命令内容はこれまで知ることができなかった。

吉田氏の証言によると、所員の誰かが免震重要棟の前に用意されていたバスの運転手に「第二原発に行け」と指示し、午前7時ごろに出発したという。自家用車で移動した所員もいた。道路は震災で傷んでいた上、第二原発に出入りする際は防護服やマスクを着脱しなければならず、第一原発へ戻るにも時間がかかった。9割の所員がすぐに戻れない場所にいたのだ。

その中には事故対応を指揮するはずのGM（グループマネジャー）と呼ばれる部課長級の社員もいた。過酷事故発生時に原子炉の運転や制御を支援するGMらの役割を定めた東電の内規に違反する可能性がある。

吉田氏は政府事故調の聴取でこう語っている。

「本当は私、2F（福島第二）に行けと言っていないんですよ。福島第一の近辺で、所内にかかわらず、線量が低いようなところに1回退避して次の指示を待てと言ったつもりなんですが、2Fに着いた後、連絡をして、まずはGMから帰ってきてということになったわけです」

第一原発にとどまったのは吉田氏ら69人。第二原発から所員が戻り始めたのは同日昼ごろだ。この間、第一原発では2号機で白い湯気状のものが噴出し、4号機で火災が発生。放射線量は正門付近で最高値を記録した。

（木村英昭）

■全資料　公表すべきだ

《解説》吉田氏が死去した今、「吉田調書」は原発事故直後の現場指揮官が語る唯一の公式調書だ。肉声がそのまま書き残され、やりとりは録音されている。分量はA4判で400ページ超。事故対応を検証し、今後の安全対策にいかす一級の歴史的資料だ。

ところが、政府事故調は報告書に一部を紹介するだけで、多くの重要な事実を公表しなかった。中でも重要な「9割の所員が待機命令に違反して撤退した」という事実も伏せられた。

事故の本質をつかむには一つひとつの場面を具体的な証言から再現・検証する必要がある。国は原発再稼働を急ぐ前に、政府事故調が集めた資料をすべて公表し、「福島の教訓」を安全対策や避難計画にいかすべきだろう。

吉田調書にはこのほかにも国や東電が隠している事実が多く含まれ、反省材料が凝縮されている。私たちは国や東電の事故対応の検証を続けていく。（宮崎知己）

＊

〈**吉田調書**〉政府事故調が吉田氏を聴取した内容を一問一答方式で残した記録。聴取時間は29時間16分（休憩1時間8分を含む）。11年7月22日から11月6日にかけ計13回。そのうち事故原因や初期対応を巡る聴取は11回で、事務局に出向していた検事が聴取役を務めた。場所はサッカー施設Jヴィレッジと免震重要棟。政府事故調が聴取したのは772人で計1479時間。1人あたり約1・9時間。原本は内閣官房に保管されている。

【参考記事17】

2014年5月20日付朝刊2面

葬られた命令違反
「吉田調書」から当時を再現

東京電力福島第一原発の9割もの所員がなぜ、所長の待機命令に違反して現場を離脱したのか。「吉田調書」などをもとに当時を再現する。

■公開を覚悟し証言

吉田調書には、第一原発所長だった吉田昌郎氏が第1回聴取で「お話しいただいた言葉はほぼそのままの形で公にされる可能性がある」と通告され、「結構でございます」と即答したことが記録されている。吉田氏は自らの発言が公になることを覚悟していたのだ。

2011年3月14日午後6時28分、吉田氏は免震重要棟の緊急時対策室にある円卓の自席で、2号機への注水に使っていた消防車が燃料切れで動かなくなったという報告を聞いた。

原子炉の圧力がやっと下がり、冷却水が入れられるようになった矢先のトラブル。原子炉格納容器が壊れる恐れがあり、吉田氏は「1秒1秒胸が締め付けられるような感じ」と聴取で振り返っている。廊下に出て誰もいないことを確認し、PHSの番号を押した。

「9109……」。一番つながりやすかった東電本店経由でかける方法だ。本店の頭越しにかけた電話の先は、細野豪志首相補佐官だった。

「炉心が溶けてチャイナシンドロームになる」

　チャイナシンドロームとは高温で溶けてどろどろになった核燃料が鋼鉄製の格納容器に穴を開けることで、全てを溶かして地球の裏側へ進む架空の事故を題材にした映画の題名が由来だ。

　吉田氏は続けた。

「水が入るか入らないか賭けるしかないですけども、やります。ただ、関係ない人は退避させる必要があると私は考えています」

「1号、3号と水がなくなる。同じようなプラントが三つでき、すさまじい惨事ですよ」

　細野氏は「所長の言う緊急事態というのはよく分かりました。ただ、まだあきらめないで頑張って下さい」と言った。

　吉田氏は「退避を考えた方がいい」と東電本店にも電話で伝えた。

「2号機はこのままメルト（炉心溶融）する」

「放射能が第二原発に流れ、作業できなくなる」

　吉田氏からの深刻な報告に、東電本店は撤退準備を急いだ。福島第二原発への撤退のタイミングなどを盛り込んだ「退避基準」の作成や、緊急時対策室を第二原発へ移す検討を始めた。

　吉田氏は聴取で「清水（正孝）社長が撤退させてくれと菅（直人）さんに言ったという話も聞いている」と証言している。

　吉田氏も事故対応とかかわりの少ない人の撤退には動いた。下請け作業員を帰らせ、第二原発に移動するバスを手配した。「樋口君という総務の人員」を呼び「運転手は大丈夫か」「燃料入っているか」「（バスを）表に待機させろ」と指示したという証言が吉田調書にある。

　福島第二への撤退準備は着実に進んでいた。後はタイミングだった。

■線量上昇せず　待機命令

　翌15日も事態は好転しなかった。2号機の核燃料が壊れているという試算も伝えられた。午前3時12分には中央制御室の伊沢郁夫当直長から「炉への注水はできていないと推測している」と報告が届いた。

　そして、午前6時すぎ。衝撃音が緊急時対策室に響いた。吉田氏は白い防災ヘルメットをかぶった。

　2号機の格納容器下部の圧力抑制室の圧力が「ゼロになったという情報」と「ぽんと音がしたという情報」が、中央制御室からほぼ同時に入ってきた。

　2号機格納容器の爆発が疑われる事態だった。計器を確認させると、格納容器の上部側の圧力は残っていた。吉田氏は「（格納容器が）爆発したということはないだろうな」と思ったが、圧力計が壊れている可能性は残るため、「より安全側に判断すれば、それなりのブレーク（破損）して、放射能が出てくる可能性が高い」と考えた。

　吉田氏は一方で、構内や緊急時対策室内の放射線量はほとんど上昇していないという事実を重くみた。様々な情報を総合し、格納容器は壊れていないと判断。現場へすぐに引き返せない第二原発への撤退ではなく、第一原発構内かその付近の比較的線量の低い場所に待機して様子を見ることを決断し、命令した。

　ところが待機命令に反して所員の9割が第二原発へ撤退。吉田氏は「次の指示を待てと言ったつもりなんですが、2F（第二原発）に行ってしまいましたと言うんで、しょうがないな」と思ったとも聴取で語っている。

　吉田氏が驚いたのは、第二原発に離れた中にGMと呼ばれる幹部がいたことだ。東電の社内規則は過酷事故発生時に当直長に助言する支援組織を立ち上げ、部長級やGMが入るとしている。そのメンバーが離脱していれば規則違反だ。

　吉田氏は連絡を入れ、こう命じた。

「まずGMから帰ってきてくれ」

■公式見解、切り張り

　吉田調書に基づく当時の再現は、東電の公式見解が都合の悪い事実に触れていないことを示している。

　朝日新聞が入手した東電の内部資料には「6：42　構内の線量の低いエリアで退避すること。その後本部で異常でないことを確認できたら戻ってきてもらう（所長）」と記載がある。吉田調書と同じ内容だ。命令の少し前に「6：34　TSC（緊急時対策室）内線量変化なし」と報告があったとの記載もあった。

　東電は自らの事故調査報告書で、同じ内部資料から「一旦《いったん》退避してパラメーターを確認する（吉田所長）」「最低限の人間を除き、退避すること（清水社長）」「必要な人間は班長が指名（吉田所長）」という部分だけを引用し、次のような公式見解を示した。

《吉田氏が一部退避を決断→清水社長が確認・了解→約650人が第二原発へ退避し、約70人が残留》

　これは、適正な手続きで第二原発へ撤退したという印象を与えるものだ。

　しかし、吉田氏が最終的に「すぐに現場に戻れる第一原発構内へ一時退避して待機する」よう命じたことを、東電は報告書に記さなかった。幹部社員を含む所員9割の「命令違反」の事実は葬られたのだ。

■東電、調書と食い違い　「第二も視野に入れた指示」

　東電広報部は、第二原発に撤退した中にGMがいたことを認めた上で「一時退避した所員の具体的な内訳は集約していない」とし役職など詳細は明らかにしなかった。吉田氏の待機命令に違反したことには「吉田所長の指示は、構内に線量の低いエリアがなければ第二原発も視野に入れて退避せよというもので、第二原発への一時退避は指示に違反していない」とし、吉田調書と異なる回答をした。

　政府事故調の畑村洋太郎・元委員長は「外に出すべきものは報告書にみんな入れたつもりだ。報告書に載せたこと以外は口外しないのが約束だ」と取材に答えた。

■再稼働論議　現実直視を　担当記者はこう見た

　暴走する原子炉を残し、福島第一原発の所員の9割が現場を離脱したという事実をどう受け止めたら良いのか。吉田調書が突きつける現実は、重い課題を投げかけてくる。

　吉田氏は所員の9割が自らの待機命令に違反したことを知った時、「しょうがないな」と思ったと率直に語っている。残り1割の所員も原子炉爆発の場合の大量被曝を避けるため、原子炉を運転・制御する中央制御室でなく、免震重要棟2階の緊急時対策室にほぼ詰めており、圧力や水位など原子炉の状態を監視できない時間が続いた。

　吉田調書が残した教訓は、過酷事故のもとでは原子炉を制御する電力会社の社員が現場からいなくなる事態が十分に起こりうるということだ。その時、誰が対処するのか。当事者ではない消防や自衛隊か。特殊部隊を創設するのか。それとも米国に頼るのか。

　現実を直視した議論はほとんど行われていない。自治体は何を信用して避難計画を作れば良いのか。その問いに答えを出さないまま、原発を再稼働して良いはずはない。

（木村英昭）

【参考記事18】

2014年9月12日付朝刊1面

吉田調書「命令違反し撤退」報道
本社、記事取り消し謝罪

　朝日新聞社の木村伊量《ただかず》社長は11日、記者会見を開き、東京電力福島第一原発事故の政府事故調査・検証委員会が作成した、吉田昌郎《まさお》所長（昨年7月死去）に対する「聴取結果書」（吉田調書）について、5月20日付朝刊で報じた記事を取り消し、読者と東京電力の関係者に謝罪した。杉浦信之取締役の編集担当の職を解き、木村社長は改革と再生に向けた道筋をつけた上で進退を決める。

■慰安婦巡る記事　撤回遅れを謝罪

　朝日新聞社は、「信頼回復と再生のための委員会」（仮称）を立ち上げ、取材・報道上の問題点を点検、検証し、将来の紙面づくりにいかす。

　本社は政府が非公開としていた吉田調書を入手し、5月20日付紙面で「東電社員らの9割にあたる約650人が吉田所長の待機命令に違反し、10キロ南の福島第二原発に撤退した」と報じた。しかし、吉田所長の発言を聞いていなかった所員らがいるなか、「命令に違反　撤退」という記述と見出しは、多くの所員らが所長の命令を知りながら第一原発から逃げ出したような印象を与える間違った表現のため、記事を削除した。

　調書を読み解く過程での評価を誤り、十分なチェックが働かなかったことなどが原因と判断した。問題点や記事の影響などについて、朝日新聞社の第三者機関「報道と人権委員会」に審理を申し立てた。

　朝日新聞社が、韓国・済州島で慰安婦を強制連行したとする吉田清治氏（故人）の証言を虚偽と判断し、関連記事を取り消したこと、その訂正が遅きに失したことについて、木村社長は「おわびすべきだった」と謝罪した。元名古屋高裁長官の中込秀樹氏を委員長とする第三者委員会を立ち上げ、過去の報道の経緯、国際社会に与えた影響、特集紙面の妥当性などの検証を求める。

■池上氏連載判断「責任を痛感」

　木村社長は、慰安婦特集について論評した池上彰氏の連載コラムの掲載を見合わせた判断については、「言論の自由の封殺であるという思いもよらぬ批判があった」「責任を痛感している」とした。

慰安婦問題をめぐる関連年表

1973年	10月20日	元毎日新聞記者の千田夏光氏が著書『従軍慰安婦―〝声なき女〟八万人の告発』（双葉社）を発行
1977年	3月1日	吉田清治氏が著書『朝鮮人慰安婦と日本人―元下関労報動員部長の手記』（新人物往来社）を発行
1982年	9月2日	朝日新聞（大阪本社版）が「朝鮮の女性　私も連行／暴行加え無理やり」との見出しで、韓国・済州島の朝鮮人女性200人を慰安婦にするために「狩り出した」とする吉田氏の証言を初めて報道
1983年	7月31日	吉田氏が著書『私の戦争犯罪―朝鮮人強制連行』（三一書房）を発行
	12月23日	韓国・天安市の「望郷の丘」で、吉田氏が建てた「謝罪の碑」の除幕式
1989年	8月14日	「済州新聞」（韓国）が、済州島の郷土史家らへの取材をもとに吉田氏の証言を疑問視する記事を掲載
1990年	11月16日	慰安婦問題の解決をめざす市民団体「韓国挺身隊問題対策協議会」（挺対協）が結成
1991年	8月11日	朝日新聞（大阪本社版）が「元朝鮮人従軍慰安婦／戦後半世紀　重い口開く」との見出しで、挺対協に語った証言テープをもとに元慰安婦の存在を韓国メディアよりも先に報道。翌12日の東京本社版でもほぼ同じ記事を掲載
	8月14日	挺対協に名乗りでた元慰安婦の金学順さんが実名での記者会見を開く
	12月6日	金学順さんら元慰安婦3人が、日本政府を相手に補償などを求めて東京地裁に提訴
1992年	1月11日	朝日新聞が「慰安所　軍関与示す資料」との見出しで、旧日本軍による慰安所の設置や、従軍慰安婦の募集の監督、統制について軍の関与を示す文書が、防衛庁防衛研究所図書館でみつかったと報道。

		吉見義明中央大学教授が発見し、朝日に情報提供
	1月13日	加藤紘一官房長官が、慰安婦の募集などをめぐって旧日本軍が関与していたことは「否定できない」として謝罪
	1月16日	宮沢喜一首相が訪韓。17日の盧泰愚大統領との首脳会談で慰安婦問題について公式に謝罪
	4月30日	産経新聞が、現代史家・秦郁彦氏（当時、拓殖大学教授）の済州島現地調査をもとに、吉田氏の「慰安婦狩り」証言に疑問を提起。月刊誌『正論』6月号に秦氏の調査報告を掲載
	7月6日	日本政府が、慰安婦問題についての第1次調査結果を発表。慰安所の運営などに政府が関与していたことを認める
1993年	7月26日	日本政府が、韓国で元慰安婦16人への聞き取り調査を開始（～30日）
	8月4日	河野洋平官房長官が第2次調査結果を受けて談話を発表、旧日本軍が「慰安所の設置、管理及び慰安婦の移送」などで全体として強制性があったと認め、政府としての「おわびと反省」を表明（河野談話）
1995年	7月19日	日本政府の主導で、元慰安婦に「償い金」などを支給する「女性のためのアジア平和国民基金」（アジア女性基金）を設立
	8月15日	村山富市首相が戦後50年の節目に、アジア諸国に対する「植民地支配と侵略」への「痛切な反省」と「心からのお詫び」を表明（村山談話）
1996年	1月4日	ラディカ・クマラスワミ特別報告官が国連人権委員会に、慰安婦を「軍事的性奴隷」とする付属文書（クマラスワミ報告）を提出。そのなかで吉田氏の著書を引用した
	4月19日	国連人権委員会がクマラスワミ報告に「留意する」とし、「女性に対する暴力」に関する決議を採択
1997年	2月27日	安倍晋三氏ら自民党若手議員が、歴史教科書の記述見直しを求める「日本の前途と歴史教育を考える若手議員の会」（中川昭一代表、安倍事務局長）を結成
	3月31日	朝日新聞が「従軍慰安婦　消せない事実／政府や軍の深い関与、明白」との見出しで、慰安婦問題の特集記事を掲載。吉田氏の証言について「真偽は確認できない」とした。同年4月から使われる中学校の歴史教科書に慰安婦についての記述が掲載されることになる

1998年	8月21日	国連人権委小委員会が、慰安所を「レイプ・センター」と記述したゲイ・マクドガル特別報告官による付属文書（マクドガル報告書）を、「歓迎する」との表現で採択
2007年	3月16日	第1次安倍政権が河野談話をめぐって「政府が発見した資料の中には、官憲による、いわゆる強制連行を直接示すような記述は見あたらなかった」とする答弁書を閣議決定
	4月27日	日米首脳会談後の記者会見で、安倍首相が慰安婦問題について「申し訳ない思い」を伝え、ブッシュ大統領が謝罪を受け入れた
	7月30日	米下院が慰安婦問題で日本に公式謝罪を求める決議を採択
2011年	8月30日	韓国の憲法裁判所が、元慰安婦への個人補償（日韓請求権協定の例外にあたるかどうか）について韓国政府が日本に賠償を求めないのは「憲法違反」とする判断
	12月14日	挺対協がソウルの日本大使館前に、朝鮮人慰安婦を象徴する「平和の少女像」（慰安婦像）を設置。同大使館前での「水曜デモ」が1000回に達したのを記念してつくられた
2014年	6月20日	第2次安倍政権が河野談話の作成過程の検証結果を発表
	8月5日 6日	朝日新聞が検証特集「慰安婦問題を考える」を掲載。吉田氏の証言を虚偽と判断し、16本（後に18本）の記事を取り消し
	8月29日	慰安婦問題の検証特集を論評した池上彰氏のコラム「新聞ななめ読み」の掲載見合わせ（9月4日に掲載）
	9月11日	朝日新聞の木村伊量社長が記者会見し、吉田証言の記事取り消しが遅れたことなどを謝罪

徳山喜雄（とくやま よしお）

一九五八年生まれ。朝日新聞記者。ベルリンの壁崩壊など一連の東欧革命やロシア・旧ソ連諸国の解体、中国、北朝鮮など旧共産圏を数多く取材。著書に『安倍官邸と新聞「二極化する報道」の危機』『報道危機』（集英社新書）、『フォト・ジャーナリズム』（平凡社新書）、共著に『新聞と戦争』（朝日新聞出版）など。

「朝《あさ》日《ひ》新《しん》聞《ぶん》」問《もん》題《だい》

二〇一五年五月二〇日 第一刷発行

集英社新書〇七八六A

著者……徳山喜雄《とくやまよしお》

発行者……加藤 潤

発行所……株式会社集英社

東京都千代田区一ツ橋二-五-一〇 郵便番号一〇一-八〇五〇

電話 〇三-三二三〇-六三九一（編集部）
〇三-三二三〇-六〇八〇（読者係）
〇三-三二三〇-六三九三（販売部）書店専用

装幀……原 研哉

印刷所……大日本印刷株式会社 凸版印刷株式会社

製本所……加藤製本株式会社

定価はカバーに表示してあります。

ISBN 978-4-08-720786-6 C0236

Printed in Japan

a pilot of wisdom

a pilot of wisdom

集英社新書　好評既刊

亡国の集団的自衛権
柳澤協二　0774-A

戦争の現実を知る元防衛官僚が、「立憲主義」への挑戦ともいうべき現政権の安保政策を徹底批判する！

アウトサイダーの幸福論
ロバート・ハリス　0775-C

一度きりの人生を楽しむために必要なこととは何か？　アウトサイダーが伝授する、路上と放浪の人生哲学。

なぜ『三四郎』は悲恋に終わるのか――「誤配」で読み解く近代文学
石原千秋　0776-F

近代文学の名作の多くはなぜ「悲恋小説」なのか？　「誤配」という概念を用いてその理由の新解釈に挑む。

資本主義の克服　「共有論」で社会を変える
金子　勝　0777-A

資本主義社会で生き抜く術を、個人の尊厳を担保する制度やルールの「共有」に見出す、著者の新たな提言。

刑務所改革　社会的コストの視点から
沢登文治　0778-B

明治以来、不合理なシステムを放置してきた刑務所。社会に資する、あるべき姿を模索する。

F1ビジネス戦記　ホンダ「最強」時代の真実
野口義修　0779-H

ホンダ最盛期に最前線で奮闘した著者が、F1ビジネスにまつわる熾烈な「戦い」の顛末を綴る。

荒木飛呂彦の漫画術
荒木飛呂彦　0780-F

「漫画は最強の『総合芸術』」と言い切る『ジョジョの奇妙な冒険』の作者が、漫画の描き方を初めて伝授！

進みながら強くなる――欲望道徳論
鹿島　茂　0781-C

「未経験の分野への挑戦は見切り発車で始めるから力がつく！」。欲望から道徳を創り出すその方法を公開。

科学の危機
金森　修　0782-C

古典的規範の崩壊により、いま危機に瀕している「科学」。その問題の核心を突く、画期的論考。

腸が寿命を決める
澤田幸男／神矢丈児　0783-I

免疫システムの約八〇％を担うことが解明された「腸」のメカニズムと、新たな病気の予防法を詳しく解説！

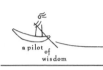